185 Ricette di Pasti e Frullati per la Costruzione del Muscolo e la Riduzione dei Grassi

Mangia e bevi per avere un corpo più snello e forte

di

Joseph Correa

Nutrizionista Sportivo Certificato

COPYRIGHT

© 2016 Finibi Inc

Tutti I diritti riservati

La riproduzione o la traduzione di qualsiasi parte di questo lavoro al di là di quanto consentito dalla sezione 107 o 108 degli Stati Uniti Copyright 1976, senza l'autorizzazione del titolare dei diritti è illegale.

La presente pubblicazione è stata progettata per fornire informazioni accurate e autorevoli in materia di il tema trattato. Viene venduto con la consapevolezza che né l'autore né l'editore si impegnano a fornire consulenza medica. In caso di consultazione o di assistenza medica, consultare un medico. Questo libro è considerato una guida e non deve essere utilizzato in alcun modo che possa essere dannoso per la salute. Consultare un medico prima di iniziare questo piano nutrizionale per assicurarsi che sia giusto per te.

RINGRAZIAMENTI

La realizzazione e il successo di questo libro non avrebbero potuto essere possibili senza la mia famiglia.

185 Ricette di Pasti e Frullati per la Costruzione del Muscolo e la Riduzione dei Grassi

Mangia e bevi per avere un corpo più snello e forte

di

Joseph Correa

Nutrizionista Sportivo Certificato

CONTENUTI

Copyright

Ringraziamenti

Cenni sull'autore

Introduzione

Calendario per la Costruzione del Muscolo

Ricette di Piatti per la Costruzione del Muscolo

Ricette di Frullati per la Costruzione del Muscolo

Calendario per la riduzione del peso

Ricette di piatti per la riduzione del peso

Ricette di succhi per la riduzione del peso

Altri grandi titoli dell'autore

CENNI SULL'AUTORE

Come nutrizionista sportivo certificato e atleta professionista, sono fermamente convinto che una corretta alimentazione ti aiuterà a raggiungere i tuoi obiettivi più velocemente e in modo efficace. La mia conoscenza ed esperienza mi ha aiutato a vivere in modo più sano nel corso degli anni che ho condiviso con la famiglia e gli amici. Quanto più si sa di mangiare e bere in modo sano, tanto prima si vorrà cambiare la tua vita e abitudini alimentari.

La nutrizione è una parte fondamentale nel processo per ottenere una forma migliore e questo è tutto ciò che è contenuto nel libro.

INTRODUZIONE

185 Ricette di pasti e Frullati per la costruzione del muscolo e la riduzione dei grassi ti aiuterà ad assumere una maggiore quantità di proteine nella tua dieta e contemporaneamente ridurre I grassi, in modo da creare un fisico asciutto e scolpito. Le ricette di frullati e di pasti, assieme al calendario, ti aiuteranno ad aumentare la massa muscolare ed a tagliare i grassi in modo accelerato e anche organizzato per schedulare tutto ciò che mangi e quando lo mangi.

Assicurati di sapere cosa stai mangiando per preparartelo da solo o avere qualcuno che lo prepara per te.

Questo libro ti aiuterà a:

- Aumentare la massa muscolare per essere più forte e muscoloso.

- Tagliare I grassi in eccesso nel tuo corpo.

- Avere più energia durante l'allenamento.

- Accelerare in modo naturale il metabolismo.

- Migliorare la sensazione che hai di te stesso e la tua immagine.

Joseph Correa è un nutrizionista sportivo certificato ed un atleta professionista.

CALENDARIO PER LA COSTRUZIONE DEL MUSCOLO

Settimana 1

Giorno 1:

Per I più mattinieri

Snack: Yogurt ai mirtilli

Hamburger di tonno ed insalata

Snack: Pomodorini con ricotta

Frullato di proteine in stile messicano

Giorno 2:

Frittelle di mirtilli e limone

Snack: Toast con avocado

Spiedini piccanti di manzo

Snack: Mela e burro di arachidi

Pesce mediterraneo

Giorno 3:

Scodella energetica

Snack: Yogurt con frutti tropicali

Petto di pollo farcito con riso integrale

Snack: Peperoni con ricotta

Cena simpatica per vegani

Giorno 4:

Latte di Mandorle dolci

Snack: Tazza di popcorn

Merlano avvolto nella pancetta con patate

Snack: Yogurt con bacche di Goji secche

Hummus all'aglio

Giorno 5

Yogurt Greco con semi di lino e mela

Snack: Torta di riso con burro di arachidi

Salmone affumicato con asparagi grigliati

Snack: Sedano con formaggio di capra e olive verdi

Insalata di pollo e avocado

Giorno 6:

Colazione 'Pizza'

Snack: Yogurt greco con fragole

Involtini di pollo alla cesare

Snack: Ceci arrostiti

Merluzzo piccante

Giorno 7:

Anelli di peperoni con "Forma di semola"

Snack: Mix di frutta secca

Tagliatelle con manzo e broccoli

Snack: Prosciutto e gambi di sedano

Insalata di pollo e rucola

Settimana 2

Giorno 1:

Muffin di proteine al siero del latte

Snack: Toast con avocado

Linguine in insalata con gamberi e zucchine

Snack: Mela e burro di arachidi

Hamburger di tofu

Giorno 2:

Colazione moka messicana

Snack: Yogurt con bacche di Goji secche

Trota con patate in insalata

Snack: Tazza di popcorn

Pollo con ananas e peperoni

Giorno 3:

Salmone affumicato e avocado con toast

Snack: Pomodorini con ricotta

Pollo speziato

Snack: Yogurt ai mirtilli

Funghi grigliati e hamburger di zucchine

Giorno 4:

Frappè di frutta e burro d'arachidi

Snack: Ceci arrostiti

Chili con fagioli messicani

Snack: Yogurt greco con fragole

Pollo in agrodolce

Giorno 5:

Pacchetto di proteine rimestato

Snack: Peperoni con ricotta

Polpettone di tacchino con couscous di grano

Snack: Yogurt con frutti tropicali

Halibut con senape di Dijon

Giorno 6:

Torta di zucca e frittella alle proteine

Snack: Prosciutto e gambi di sedano

Riso mediterraneo

Snack: Mix di frutta secca

Tonno sciolto

Giorno 7:

Tonno farcito ai peperoni

Snack: Sedano con formaggio di capra e olive verdi

Pasta con Polpette di carne di manzo e spinaci

Snack: Torta di riso con burro di arachidi

Sushi in ciotola

Settimana 3

Giorno 1:

Farina d'avena arricchita di proteine

Snack: Tazza di popcorn

Uova ripiene con pane Pita

Snack: Mela e burro di arachidi

Pollo cotto in vassoio

Giorno 2:

Per i più mattinieri

Snack: Toast con avocado

Tagliatelle con manzo e broccoli

Snack: Yogurt con bacche di Goji secche

Hummus all'aglio

Giorno 3:

Scodella energetica

Snack: Yogurt greco con fragole

Involtini di pollo alla cesare

Snack: Pomodorini con ricotta

Pesce mediterraneo

Giorno 4:

Frittelle di limone ai mirtilli

Snack: Ceci arrostiti

Salmone affumicato con asparagi grigliati

Snack: Yogurt ai mirtilli

Insalata di pollo e rucola

Giorno 5:

Yogurt Greco con semi di lino e mela

Snack: Prosciutto e gambi di sedano

Hamburger di tonno ed insalata

Snack: Yogurt con frutti tropicali

Insalata di pollo e avocado

Giorno 6:

Anelli di peperoni con "Forma di semola"

Snack: Peperoni con ricotta

Petto di pollo farcito con riso integrale

Snack: Mix di frutta secca

Merluzzo piccante

Giorno 7:

Latte di Mandorle dolci

Snack: Torta di riso con burro di arachidi

Spiedini piccanti di manzo

Snack: Sedano con formaggio di capra e olive verdi

Frullato di proteine in stile messicano

Settimana 4

Giorno 1:

Colazinoe 'Pizza'

Snack: Yogurt greco con fragole

Merlano avvolto nella pancetta con patate

Snack: Tazza di popcorn

Cena simpatica per vegani

Giorno 2:

Colazione moka messicana

Snack: Pomodorini con ricotta

Riso mediterraneo

Snack: Mela e burro di arachidi

Funghi grigliati e hamburger di zucchine

Giorno 3:

Frappè di frutta e burro d'arachidi

Snack: Toast con avocado

Linguine in insalata con gamberi e zucchine

Snack: Yogurt ai mirtilli

Pollo in agrodolce

Giorno 4:

Torta di zucca e frittella alle proteine

Snack: Yogurt con bacche di Goji secche

Pollo speziato

Snack: Ceci arrostiti

Halibut con senape di Dijon

Giorno 5:

Salmone affumicato e avocado con toast

Snack: Prosciutto e gambi di sedano

Pasta con Polpette di carne di manzo e spinaci

Snack: Mix di frutta secca

Hamburger di tofu

Giorno 6:

Farina d'avena arricchita di proteine

Snack: Peperoni con ricotta

Chili con fagioli messicani

Snack: Yogurt con frutti tropicali

Sushi in ciotola

Giorno 7:

Pacchetto di proteine rimestato

Snack: Torta di riso con burro di arachidi

Trota con patate in insalata

Snack: Yogurt greco con fragole

Pollo cotto in vassoio

2 giorni extra per completare il mese:

Giorno 1:

Muffin di proteine al siero del latte

Snack: Sedano con formaggio di capra e olive verdi

Polpettone di tacchino con couscous di grano

Snack: Mela e burro di arachidi

Tonno sciolto

Giorno 2:

Tonno farcito ai peperoni

Snack: Yogurt ai mirtilli

Uova ripiene con pane Pita

Snack: Mix di frutta secca

Pollo con ananas e peperoni

RICETTE DI PIATTI PER LA COSTRUZIONE DEL MUSCOLO

COLAZIONE

1. Per i più mattinieri

Fai scattare il tuo corpo da uno stato catabolico e con l'aiuto di un alto contenuto di carboidrati per una colazione al forno con tante proteine per ricostituire i muscoli. Mezzo pompelmo e punte di asparagi per fare il pieno di vitamina C.

Ingredienti (1 porzione):

6 albumi

½ tazza di quinoa cotta e mix di riso integrale

3 punte di asparagi, fette

½ pompelmo rosa

1 piccolo peperone rosso, affettato

1 cucchiaio di siero di latte piccante e proteine in polvere

1 spicchio d'aglio, schiacciato

Olio di oliva in spray

Pepe, sale

Tempo di preparazione: 10 minuti

Tempo di cottura: 15-20 minuti

Preparazione:

Riscaldare il forno a 200°C ventilato / gas 6. Ungere luovoermente una padella in ghisa con olio d'oliva.

In una ciotola media, sbattere gli albumi con un pizzico di sale e pepe fino a renderli schiumosi.

Aggiungere il riso cotto e quinoa nella padella; versare gli albumi poi i pezzi di asparagi e le fette di peperone.

Cuocere in forno per 15-20 minuti o fino a quando le uova saranno cotte.

Valori nutrizionali per porzione: 407kcal, 52g proteine, 40g carboidrati (5g fibre, 8g zuccheri), 2g grassi, 15% calcio, 12% ferro, 19% magnesio, 26% vitamina A, 63% vitamina C, 48% vitamina K, 12% vitamina B1, 69% vitamina B2, 26% vitamina B9.

2. Scodella energetica

Una colazione con un nome appropriato, la scodella energica combina un alto contenuto di proteine, bianco d'uovo e un rifornimento di energia con la farina d'avena. Le noci aggiungono I grassi ed il miele completa il tutto con una nota di dolcezza.

Ingredienti(1 porzione):

6 bianchi d'uovo

½ tazza farina d'avena istantanea, cotta

1/8 tazza noci

¼ tazza di bacche

1 cucchiaio raso di miele

Cannella

Tempo di preparazione: 10 min

Tempo di cottura: 5 min

Preparazione:

Montare a neve gli albumi fino a renderli schiumosi poi cuocerli in una padella a fuoco basso.

Unire la farina d'avena e gli albumi in una ciotola; aggiungere la cannella e miele grezzo e mescolare.

Ottimo con frutti di bosco, banana e noci.

Valori nutrizionali per porzione: 344kcal, 30g proteine, 33g carboidrati (3g fibre, 23g zuccheri), 11g grassi (2 saturi), 10% ferro, 15% magnesio, 10% vitamina B1, 11% vitamina B2, 15% vitamina B5.

3. Tonno farcito ai peperoni

Questa è una ricetta veloce e nutriente che fornisce un altissimo apporto di vitamina B12. Ricco di proteine, il tonno è una varietà di colazione eccellente per la struttura dei muscoli e se vuoi aggiungere alcuni carboidrati al tuo pasto, un pezzetto di toast integrale è la soluzione ideale.

Ingredienti(2 porzioni):

2 scatole di tonno con acqua (185g), scolato per metà

3 uova sode

1 scalogno, tritato finemente

5 piccoli sottaceti, a dadini

Sale, pepe

4 peperoni, dimezzati, senza semi

Tempo di preparazione: 5 min

Tempo di cottura: 10 minuti

Preparazione:

Mettere insieme il tonno, le uova, lo scalogno, sottaceti e condimenti in un frullatore e mescola fino a renderli una crema.

Riempi le metà dei peperoni con il composto e servi.

Valori nutrizionali per porzione: 480kcal, 46g proteine, 16g grassi (4g saturi), 8g carboidrati (2g fibre, 4g zuccheri), 28%

magnesio, 94% vitamina A, 400% vitamina C, 12% vitamina E, 67% vitamina K, 18% vitamina B1, 32% vitamina B2, 90% vitamina B3, 20% vitamina B5, 56% vitamina B6, 18% vitamina B9, 284% vitamina B12.

4. Yogurt Greco con semi di lino e mela

Scostati per un attimo dal tradizionale uovo bianco per la costruzione muscolare a colazione, e prova alcuni alimenti con alto contenuto di proteine come lo yogurt Greco aromatizzato alla mela. Aggiungi dei semi di lino per aumentare 'apporto di fibre, dopo averli tenuti in ammollo tutta la note per renderli morbidi e digeribili.

Ingredienti (1 porzione):

1 tazza yogurt greco

1 mela, a fette sottili

2 cucchiai di semi di lino

¼ cucchiaino di cannella

1 cucchiaino di Stevia

Una spruzzata di sale

Tempo di preparazione: 5 min

Tempo di cottura: 45 minuti

Preparazione:

Preriscaldare il forno a 190°C ventilato / gas 5. Posizionare le fette di mela in una padella antiaderente, cospargere con cannella, Stevia e un pizzico di sale, coprirle e cuocere per 45 min / finché diventano tenere. Toglierli dal forno e lasciare raffreddare per 30 minuti.

Mettere lo yogurt greco in una ciotola poi riempire con mele e semi di lino e servire.

Valori nutrizionali per porzione: 422kcal, 22g proteine, 39g carboidrati (7g fibre, 22 g zuccheri), 21g grassi (8 g saturi), 14% calcio, 22% magnesio, 14% vitamina C, 24% vitamina B1, 13% vitamina B12.

5. Anelli di peperoni con "Forma di Semola"

Un pasto gustoso e speciale, gli anelli di peperone con forma di semola per i tuoi muscoli ti darà molta energia per tutta la giornata. Piena di colori e di sostanze nutritive, questa colazione ha un'elevata quantità di vitamina B1.

Ingredienti(1 porzione):

6 bianchi d'uovo

2 uova

¼ tazza farina di riso

1 tazza di spinaci crudi

½ peperone verde

1 tazza di pomodorini

Uno spruzzo di olio d'oliva

Sale, pepe

Tempo di preparazione: 10 min

Tempo di cottura: 15 min

Preparazione:

Monta a neve gli albumi con un pizzico di sale e pepe fino a renderli schiumose. Scalda l'olio in una padella antiaderente e cuoci gli albumi e la farina. Aggiungi gli spinaci, mescola e cuoci fino a quando gli spinaci si sono appassiti.

Spruzza una padella con olio d'oliva e imposta il fuoco medio. Taglia i peperoni in senso orizzontale per creare 2 anelli, mettili nella padella e rompi le uova all'interno dei peperoni. Lascia cuocere fino a quando le uova diventano bianche. Metti il composto di uova, farina e gli anelli di peperone cotti su un piatto e servi con pomodorini.

Valori nutrizionali per porzione : 495kcal, 45g proteine, 45g carboidrati (3g fibre, 7g zuccheri), 11g grassi (3g saturi), 9% calcio, 14% ferro, 20% magnesio, 35% vitamina A, 32% vitamina C, 91% vitamina B2, 22% vitamina B5, 12% vitamina B6, 15% vitamina B12.

6. Latte di mandorle dolci

10 minuti è tutto ciò che serve per preparare questo frullato ad alto contenuto di vitamina D e B1. È possibile farne una grande quantità e tenerlo in freezer, scelta perfetta per una colazione veloce.

Ingredienti(2 porzione):

1 tazza di latte di mardorle

1 tazza di frutti di bosco congelati

1 tazza di spinaci

1 cucchiaio dosatore di proteine in polvere al gusto banana

1 cucchiaio di semi di chia

Tempo di preparazione: 10 min

Nessuna cottura

Preparazione:

Mescola assieme tutti gli ingredienti in un frullatore fino a rendere il tutto una crema liscia, metti in 2 bicchieri di vetro e servi.

Valori nutrizionali per porzione: 295kcal, 26g proteine, 32g carboidrati (4g fibre, 13g zuccheri), 9g grassi, 40% calcio, 20% ferro, 12% magnesio, 50% vitamina A, 40% vitamina C, 25% vitamina D, 57% vitamina E, 213% vitamina B1, 18% vitamina B9.

7. Torta di zucca e frittella alle proteine

Dimentica la farina e prova il pancake di avena con una deliziosa aggiunta di zucca fresca. Rovescia un po' di sciroppo privo di calorie e gusta una colazione con alto numero di proteine che ha un sapore buono come un piccolo pasto.

Ingredienti(1 porzione):

1/3 tazza di avena vecchio stile

¼ tazza di zucca

½ tazza di albumi

1 cucchiaio dosatore di proteine in polvere alla cannella

½ cucchiaino di cannella

Olio di oliva spray

Tempo di preparazione: 5 min

Tempo di cottura: 5 min

Preparazione:

Mescola tutti gli ingredienti assieme in una ciotola. Spruzza una padella di medie dimensioni con olio d'oliva quindi metti tutto a fuoco medio.

Versa la pastella, e una volta che vedi delle piccole bolle che appaiono sulla parte superiore della frittella, capovolgi. Quando ogni lato è dorato, togli il pancake e servi.

Valori nutrizionali per porzione: 335kcal, 39g proteine, 37g carboidrati (6g fibre, 1 g zuccheri), 6g grassi, 14% calcio, 15% ferro, 26% magnesio, 60% vitamina A, 26% vitamina B1, 37% vitamina B2, 10% vitamina B5, 31% vitamina B6.

8. Farina d'avena arricchita di proteine

Ecco un'abbondante porzione di carboidrati che ti terrà sazio per ore, mentre la polvere di proteine e mandorle segnerà un inizio di giornata ricco di proteine. Se preferisci la farina d'avena con un gusto fruttato, utilizza le proteine in polvere al gusto di banana.

Ingredienti(1 porzione):

2 pacchetti di farina d'avena istantanea (porzioni da 28g)

¼ tazza di mandorle tritate

1 cucchiaio dosatore di proteine in polvere al siero di latte gusto vaniglia

1 cucchiaino di cannella

Tempo di preparazione: 5 min

Tempo di cottura: 5 min

Preparazione:

Versa la farina d'avena istantanea in una ciotola, mescola con la polvere di proteine e la cannella. Aggiungi acqua calda e mescola. Guarnisci con mandorle tritate e servi.

Valori nutrizionali per porzione: 436kcal, 33g proteine, 45g carboidrati (10g fibre, 4g zuccheri), 15g grassi (1g saturi), 17% calcio, 19% ferro, 37% magnesio, 44% vitamina E, 21% vitamina B1, 21% vitamina B2.

9. Pacchetto di proteine rimestato

Nutri i muscoli e fai un allenamento intenso con questo pasto di ben 51g proteine. Questi i bianchi d'uovo strapazzate con verdure e salsiccia di tacchino hanno il valore aggiunto di essere ricchi di carboidrati e ad alto contenuto di vitamine.

Ingredienti(1 porzione):

8 albumi

2 salsicce di tacchino, tritate

1 cipolla grande, tagliata a dadini

1 tazza di peperoni rossi, a dadini

2 pomodori a dadini

2 tazze di spinaci, tritate

1 cucchiaio di olio di oliva

Sale e pepe

Tempo di preparazione: 10 min

Tempo di cottura: 10-15 minuti

Preparazione:

Frulla gli albumi con un pizzico di sale e pepe fino a renderli schiumosi, quindi mettili da parte.

Scalda l'olio in una grande padella, mettici dentro cipolle e peperoni, e cucinali fino a renderli tenerli. Aggiusta di sale e pepe. Aggiungi della salsiccia di tacchino e cuoci fino a farla dorare, poi abbassa il fuoco ed aggiungi gli albumi e strapazza.

Quando le uova sono più o meno cotte, aggiungi il pomodoro e gli spinaci, cucina per 2 minuti e servi.

Valori nutrizionali per porzione: 475kcal, 51g proteine, 37g carboidrati (10g fibre, 18g zuccheri), 10g grassi (2g saturi), 14% calcio, 23% ferro, 37% magnesio, 255% vitamina A, 516% vitamina C, 25% vitamina E, 397% vitamina K, 22% vitamina B1, 112% vitamina B2, 29% vitamina B3, 19% vitamina B5, 51% vitamina B6, 65% vitamina B9.

10. Frappè di frutta e burro d'arachidi

Quale modo migliore per iniziare la giornata che facendo il pieno di calcio in un frullato al gusto di fragola? Con un alto contenuto di minerali, vitamine, proteine e carboidrati per un rifornimento di energia, questo frullato è un modo perfetto per dare inizio alla giornata.

Ingredienti(1 porzione):

15 fragole di media grandezza

1 1/3 cucchiai di burro d'arachidi

85g di tofu

½ tazza di yogurt magro

¾ tazza di latte scremato

1 misurino di proteine in polvere

8 cubetti di ghiaccio

Tempo di preparazione: 5min

Nessuna cottura

Preparazione:

Versa il latte nel frullatore poi lo yogurt e il resto degli ingredienti. Frulla fino ad ottenere un composto completamente amalgamato e spumoso. Versa in un bicchiere e servi.

Valori nutrizionali per porzione: 472kcal, 45g proteine, 40g carboidrati (6g fibre, 31g zuccheri), 13g grassi (4g saturi), 110% calcio, 35% ferro, 27% magnesio, 30% vitamina A, 190% vitamina C, 11% vitamina E, 13% vitamina B1, 24% vitamina B2, 10% vitamina B5, 18% vitamina B6, 17% vitamina B9, 12% vitamina B12.

11. Muffin di proteine al siero di latte

Con una buona dose di avena e una porzione di proteine al siero di latte gusto cioccolato, questi muffin sono una grande colazione alternativa all'avena. In coppia con un bicchiere di latte, questo pasto ti dà una buona quantità di calcio e Vitamina D oltre che proteine e carboidrati.

Ingredienti(4 muffins-2 porzioni):

1 tazza di fiocchi d'avena

1 uovo grande intero

5 albumi

½ misurino di proteine in polvere al cioccolato

uno spruzzo di olio d'oliva

2 tazze di latte scremato, da servire

Tempo di preparazione: 2 min

Tempo di cottura: 15 min

Preparazione:

Riscalda il forno a 190C elettrico/a gas 5.

Frulla tutti gli ingredienti assieme per 30 secondi. Spruzza la teglia dei muffin con olio d'oliva poi dividi in quattro i muffin. Metti in forno per 15 min.

Togli dal forno, lascia raffreddare e servi con il bicchiere di latte.

Valori nutrizionali per porzione (incluso il latte): 330kcal, 28g proteine, 37g carboidrati (9g fibre, 13g zuccheri), 6g grassi (5g saturi), 37% calcio, 22% ferro, 19% magnesio, 12% vitamina A, 34% vitamina D, 44% vitamina B1, 66% vitamina B2, 25% vitamina B5, 11% vitamina B6, 24% vitamina B12.

12. Salmone affumicato e avocado con toast

Sei in per un allenamento duro e con tempi stretti? Ci vogliono solo 5 minuti per mettere insieme questa colazione salata. Sia il salmone che l'avocado sono ricchi di acidi sani e questo pasto ha abbastanza proteine e carboidrati per tenerti motivato.

Ingredienti(2 porzioni):

300g di salmone affumicato

2 avodadi medi mature, pelati e tagliati

Succo di ½ limone

Una manciata di foglie di dragoncello, tritate

2 fette di pane integrale, tostato

Tempo di preparazione: 5 min

No Tempo di cottura

Preparazione:

Taglia l'avocado a pezzetti e mescola il succo di limone. Torci e piega i pezzi di salmone affumicato, mettili nei piatti, poi cospargi di avocado e dragoncello. Servi con pane di grano intero.

Valori nutrizionali per porzione: 550kcal, 34g proteine, 37g carboidrati (12g fibre, 4g zuccheri), 30g grassi (5g saturi), 17% ferro, 24% magnesio, 25% vitamina C, 27% vitamina E, 42% vitamina K, 16% vitamina B1, 24% vitamina B2, 55% vitamina B3, 35% vitamina B5, 40% vitamina B6, 35% vitamina B9, 81% vitamina B12.

13. Colazione 'Pizza'

Dimentica l'alto contenuto calorico, e le fette di pizza poco nutrienti, e sostituiscili con questo delizioso pasto. Sano e abbondante, ci vogliono solo 20 minuti per prepararlo e non solo ha un alto contenuto di proteine, ma anche di minerali e vitamine.

Ingredienti(1 porzione):

1 piccolo pita di grano intero

3 albumi

1 uovo

¼ tazza di mozzarella con basso contenuto di grassi

1 cipollotto, affettato

¼ tazza funghi, a dadini

¼ tazza peperoni, a dadini

2 fette di pancetta di tacchino, tritata

1 cucchiaio olio di oliva

Sale e pepe

Tempo di preparazione: 10 min

Tempo di cottura: 10 min

Preparazione:

Frulla le uova con un pizzico di sale e pepe e aggiungi le verdure tagliate a cubetti.

Piega i bordi del pane pita per creare una ciotola. Spennella entrambi i lati con l'olio d'oliva e metti il pane pita sulla griglia, lato cupola verso il basso. Cuoci fino a doratura poi capovolgi sul lato opposto.

Versa l'uovo mescola nella pita e cuoci fino a quando l'uovo è sono quasi fatto, aggiungi la pancetta di tacchino, la cipolla ed il formaggio. Cuoci fino a quando il formaggio si sarà sciolto e servi.

Valori nutrizionali per porzione: 350kcal, 33g proteine, 12g carboidrati (3g fibre, 4g zuccheri), 15g grassi (6 saturi), 32% calcio, 19% ferro, 15% magnesio, 36% vitamina A, 88% vitamina C, 72% vitamina K, 21% vitamina B1, 71% vitamina B2, 22% vitamina B3, 14% vitamina B5, 21% vitamina B6, 25% vitamina B9, 29% vitamina B12.

14. Colazione moka messicana

Riempi la tua tazza con l'avena che preferisci e una sana porzione di latte di mandorle e goditi una rapida colazione ricca di fibre. Il pepe di Caienna è perfetto per aggiungere un po' di grinta alla tua farina d'avena.

Ingredienti(1 porzione):

½ tazza farina d'avena

1 misurino di proteine in polvere al cioccolato

½ cucchiaio di cannella

½ cucchiaino di pepe di Cayenna

1 tazza di latte di mandorle non zuccherato

1 cucchiaio di cacao in polvere non zuccherato

Tempo di preparazione: 5 min

Tempo di cottura: 3 min

Preparazione:

Mescola tutti gli ingredienti in una ciotola nel forno a microonde. RIscalda nel forno a microonde per 2 ½ -3 minuti, quindi servi.

Valori nutrizionali per porzione: 304kcal, 27g proteine, 38g carboidrati (8g fibre, 3g zuccheri), 7g grassi, 32% calcio, 15% ferro, 25% magnesio, 10% vitamina A, 25% vitamina D, 51% vitamina E, 12% vitamina B1.

15. Frittelle di mirtilli e limone

Una caldo, saziante colazione, questa frittella di mirtilli arricchita dal sapore del limone è un modo semplice e gustoso per ottenere quel pasto ad alta potenza di cui hai bisogno per iniziare la giornata. Stendi un cucchiaio di yogurt greco in cima alla tua frittella, se vuoi.

Ingredienti(1 porzione):

1/3 tazza crusca di avena

5 albumi

½ tazza di mirtilli

1 misurino di proteine del siero del latte in polvere senza gusto

½ cucchiaino bicarbonato di sodio

1 cucchiaino scorza di limone grattugiata

1 cucchiaio limonata

uno spruzzo di olio d'oliva

Tempo di preparazione: 5 min

Tempo di cottura: 5 min

Preparazione:

Unisci tutti gli ingredienti in una grande ciotola, mescola e frulla fino a renderli una crema.

Cuoci l'impasto in una padella spruzzata di olio a temperatura medio-alta finché si formeranno delle bolle in superficie. Capovolgi e cuoci fino a rendere dorato ogni lato. Togli il pancake e servi.

Valori nutrizionali per porzione: 340kcal, 47g proteine, 37g carboidrati (6g fibre, 14g zuccheri), 5g grassi, 10% ferro, 25% magnesio, 12% vitamina C, 19% vitamina K, 26% vitamina B1, 58% vitamina B2.

PRANZO

16. Riso mediterraneo

Versa il tonno in lattina su un piatto delizioso come antipasto perfetto per un pomeriggio di allenamenti. L'elevata quantità di carboidrati ti sosterrà in un allenamento completo e le proteine faranno in modo che i tuoi muscoli recuperino velocemente dopo lo sforzo.

Ingredienti(1 porzione):

1 vasetto di tonno sott'olio, scolato

100g riso integrale

¼ avocado, tritato

¼ cipolla rossa, a fette

succo di mezzo limone

Sale e pepe

Tempo di preparazione: 5 min

Tempo di cottura: 20 min

Preparazione:

Fai bollire il riso integrale per circa 20 minuti e mettilo nel frullatore con la cipolla, il tonno e l'avocado. Aggiungi il succo del limone e frulla tutti gli ingredienti. Aggiusta di sale e pepe e servi.

Valori nutrizionali per porzione: 590kcal, 32g proteine, 80g carboidrati (7g fibre, 1g zuccheri), 14g grassi (5g saturi), 22% ferro, 52% magnesio, 101% vitamina D, 18% vitamina E, 107% vitamina K, 32% vitamina B1, 134% vitamina B3, 26% vitamina B5, 39% vitamina B6, 15% vitamina B9, 63% vitamina B12.

17. Pollo speziato

Il pollo è perfetto per un pasto ad elevato contenuto di proteine per la costruzione del muscolo. Ad alto contenuto di nutrienti su tutta la linea, questo semplice, gustoso pasto può essere accompagnato da una porzione di carboidrati a scelta.

Ingredienti(2 porzioni):

3 polli disossati tagliati a metà

175g yogurt magro

5cm di cetriolo, finemente tritato

2 cucchiai pasta di curry rosso

2 cucchiai di coriandolo, tritato

2 tazze spinaci, da servire.

Tempo di preparazione: 5 min

Tempo di cottura: 35-40 min

Preparazione:

Preriscalda il forno a 190C ventilato / gas 5. Metti il pollo in un piatto in un unico strato. Frulla un terzo dello yogurt, la pasta di curry e due terzi del coriandolo, aggiungi il sale e versa sopra il pollo, facendo attenzione che la carne sia uniformemente rivestita. Lascia agire per 30 minuti (o durante la notte in frigorifero).

Metti il pollo sulla griglia in una teglia per 35-40 minuti, fino a doratura.

Scalda l'acqua in una pentola e fai appassire gli spinaci.

Mescola il resto dello yogurt e coriandolo, aggiungi il cetriolo e mescola. Versa il composto sopra il pollo e servi con gli spinaci cotti.

Valori nutrizionali per porzione: 275kcal, 43g proteine, 8g carboidrati (1g fibre, 8g zuccheri), 3g grassi (1g saturi), 20% calcio, 15% ferro, 25% magnesio, 56% vitamina A, 18% vitamina C, 181% vitamina K, 16% vitamina B1, 26% vitamina B2, 133% vitamina B3, 25% vitamina B5, 67% vitamina B6, 19% vitamina B9, 22% vitamina B12.

18. Uova ripiene con pane Pita

Fai il pieno di acidi grassi omega-3 con questo ricco piatto di salmone. Ad alto contenuto di vitamine e minerali, questo pasto abbondante è un ottimo modo di aiutare se stessi con l'energia e l'alimentazione per affrontare la giornata.

Ingredienti(2 porzioni):

1 salmone in scatola al naturale (450g)

2 uova

1 grande cipollotto, finemente tritato

2 grandi foglie di latuga

10 pomodorini

1 cucchiaio di yogurt greco

un grande panino integrale tipo pita, tagliato a metà

Sale marino e pepe

Tempo di preparazione: 10 min

Tempo di cottura: 10 min

Preparazione:

Fai bollire le uova, togli il guscio e tagliale a metà, rimuovi il tuorlo e mettilo nel frullatore.

Aggiungi il salmone in scatola, 1 cucchiaio di yogurt, il cipollotto e i condimenti nel frullatore. Mescola tutto assieme e farcisci gli albumi.

Servi con il pane pita riempito di lattuga e pomodorini.

Valori nutrizionali per porzione: 455kcal, 45g proteine, 24g carboidrati (3g fibre, 2g zuccheri), 36g grassi (10g saturi), 59% calcio, 22% ferro, 21% magnesio, 30% vitamina A, 24% vitamina C, 43% vitamina K, 11% vitamina B1, 36% vitamina B2, 60% vitamina B3, 20% vitamina B5, 41% vitamina B6, 20% vitamina B9, 20% vitamina B12.

19. Involtini di pollo alla cesare

Con questi involtini di pollo farai un pasto pratico e ottimo che ti farà mantenere alti i livelli di proteine per tutta la giornata. Aggiungi anche un po' di spinaci per fare un pasto ancora più salutare.

Ingredienti(1 porzione):

85 g di petto di pollo, cotto

2 tortillas di grano integrale

1 tazza di lattuga

50g yogurt senza grassi

1 cucchiaino di pasta di acciughe

1 cucchiaino di senape in polvere secca

1 spicchio d'aglio, cotto

½ cetriolo medio, tritato

Tempo di preparazione: 5 min

Nessuna cottura

Preparazione:

Unire la pasta di acciughe, aglio e yogurt poi mescola e cospargi con lattuga e cetrioli. Dividi il composto in 2, aggiungi le tortillas e poi metti la metà del pollo in ogni tortilla. Avvolgi e servi.

Valori nutrizionali per porzione (2 tortillas): 460kcal, 41g proteine, 57g carboidrati (7g fibre, 9g zuccheri), 10g grassi (2g saturi), 11% calcio, 22% vitamina K, 13% vitamina B2, 59% vitamina B3, 12% vitamina B5, 29% vitamina B6, 10% vitamina B12.

20. Salmone affumicato con asparagi grigliati

Un piatto classico, reso più interessante da una marinata di succo di limone e senape, questo salmone alla griglia va bene con le punte di asparagi all'aglio. Concediti una grande combinazione di proteine e vitamine.

Ingredienti(1 porzione):

140g salmone selvatico

1 ½ tazza di asparagi

Marinata:

1 cucchiaio di aglio, tritato

1 cucchiaio di senape di Digione

succo di mezzo limone

1 cucchiaino di olio d'oliva

Tempo di preparazione: 5 min

Tempo di cottura: 15 min

Preparazione:

Preriscalda il forno a 200C ventilato/ gas 6.

In un frullatore, mescola il succo di limone, mezzo aglio, olio di oliva e senape, metti la marinata sopra il salmone ed assicurati che ne sia completamente coperto. Metti il salmone marinato a riposare per non meno di un'ora.

Taglia l'ultimo pezzo dei bambi degli asparagi. Metti sul fuoco una padella antiaderente a medio / alto calore, metti a rosolare gli asparagi con l'aglio rimasto per circa 5 minuti, girandoli su tutti i lati.

Metti il salmone su una teglia e cuoci per 10 minuti poi servi con gli asparagi alla griglia.

Valori nutrizionali: 350kcal, 43g proteine, 7g carboidrati (5g fibre, 1 g zuccheri), 16g grassi (1 saturi), 17% ferro, 20% magnesio, 48% vitamina A, 119% vitamina C, 17% vitamina E, 288% vitamina K, 39% vitamina B1, 60% vitamina B2, 90% vitamina B3, 33% vitamina B5, 74% vitamina B6, 109% vitamina B9, 75% vitamina B12.

21. Pasta con Polpette di carne di manzo e spinaci

Un piatto di pasta con alto contenuto proteico che accoppia la carne di manzo e gli spinaci. Non solo è un piatto con vitamine a tutto tondo, ma contiene anche una quantità abbondante di magnesio, che aiuta a regolare la contrazione muscolare.

Ingredienti(2 porzioni):

Per le polpette:

170g carne macinata magra

½ tazza spinaci, tagliuzzate

1 cucchiaio di aglio tritato

¼ di tazza di cipolla rossa, tagliata a dadini

1 cucchiaino di cumino

Sale marino e pepe

Per la Pasta:

100 g di pasta di grano agli spinaci

10 pomodorini

2 Tazze spinaci

¼ tazza marinara

2 cucchiai di parmigiano a basso contenuto di grassi

Tempo di preparazione: 15 min

Tempo di cottura: 30 min

Preparazione:

Preriscalda il forno a 200C/ gas 6.

Mescola la carne macinata, spinaci, aglio, cipolla rossa e sale e pepe a piacere. Mescola bene con le mani fino a quando gli spinaci sono completamente mescolati nella carne.

Forma due o tre polpette, più o meno delle stesse dimensioni poi mettile su una teglia nel forno per 10-12 minuti.

Cuoci la pasta secondo le istruzioni sulla confezione. Scola la pasta e manteca con il pomodoro, spinaci e formaggio. Aggiungi le polpette e servi.

Valori nutrizionali per porzione: 470kcal, 33g proteine, 50g carboidrati (6g fibre, 5g zuccheri), 12g grassi (5g saturi), 17% calcio, 28% ferro, 74% magnesio, 104% vitamina A, 38% vitamina C, 11% vitamina E, 361% vitamina K, 16% vitamina B1, 20% vitamina B2, 45% vitamina B3, 11%

vitamina B5, 45% vitamina B6, 35% vitamina B9, 37% vitamina B12.

22. Petto di Pollo farcito con Riso integrale

Il Riso integrale è un ottimo modo per introdurre carboidrati di qualità per la tua dieta. Assieme alle molte proteine contenute nel petto di pollo e alcune verdure avrai un delizioso pranzo energetico.

Ingredienti(1 porzione):

170g di petto di pollo

½ tazza spinaci

50g riso integrale

1 Cipollotto, tagliato a dadini

1 pomodoro, fette

1 cucchiaio di formaggio feta

Tempo di preparazione: 10 min

Tempo di cottura: 30 min

Preparazione:

Preriscalda il forno a 190C ventilato / gas 5.

Taglia il petto di pollo dal basso al centro per farlo sembrare una farfalla. Condisci il pollo con Sale e pepe, poi aprilo e mettici uno strato di spinaci, formaggio feta e fette di pomodoro su un lato. Piega il petto di pollo e utilizza uno stuzzicadenti per tenerlo chiuso poi cuoci per 20 min.

Fai bollire il riso integrale quindi aggiungi l'aglio tritato e la cipolla. Riempi un piatto con riso integrale, mettici sopra il pollo e servi.

Valori nutrizionali per porzione: 469kcal, 48g proteine, 46g carboidrati (5g fibre, 6g zuccheri), 8g grassi (5g saturi), 22% calcio, 18% ferro, 38% magnesio, 55% vitamina A, 43% vitamina C, 169% vitamina K, 28% vitamina B1, 28% vitamina B2, 103% vitamina B3, 28% vitamina B5, 70% vitamina B6, 23% vitamina B9, 17% vitamina B12.

23. Linguine in insalata con gamberi e zucchine

Un finto piatto di pasta con una porzione di zucchine e gamberetti triturati al vapore conditi con i semi di sesamo. Questa combinazione di ingredienti crea un pranzo leggero con un alto contenuto di proteine.

Ingredienti(1 porzione):

170g di gamberetti al vapore

1 grande zucchine, tritate

¼ tazza Cipolla Rossa, a fette

1 tazza peperoni, a fette

1 cucchiaio di burro arrostito Tahini

1 cucchiaino di olio di sesamo

1 cucchiaino di semi di sesame

Tempo di preparazione: 10 min

Nessuna cottura

Preparazione:

Tagliare le zucchine con un trituratore per dare la forma delle linguine.

In una ciotola, mescola il tahini e l'olio di sesamo.

Metti tutto gli ingredienti una grande ciotola, versa la salsa Tahini e spargila per assicurarsi che tutti i lati siano coperti di salsa. Cospargi un po' con semi di sesamo e servi.

Valori nutrizionali per porzione: 420kcal, 45g proteine, 26g carboidrati (10g fibre, 12g zuccheri), 18g grassi (2g saturi), 19% calcio, 47% ferro, 48% magnesio, 33% vitamina A, 303% vitamina C, 17% vitamina E, 31% vitamina K, 38% vitamina B1, 36% vitamina B2, 38% vitamina B3, 13% vitamina B5, 66% vitamina B6, 35% vitamina B9, 42% vitamina B12.

24. Polpettone di tacchino con couscous di grano

Cotto in una teglia per muffin, questo polpettone di tacchino riesce a ridurre al minimo l'assunzione Grassi saturi. Mescola un po' aggiungendo peperone e funghi al posto di cipolla nelle polpette e condisci con un pizzico di aglio.

Ingredienti(1 porzione):

140g carne magra di tacchino

¾ tazza di cipolle rosse, a dadini

1 tazza spinaci

1/3 tazza salsa alla marinara poco salata

½ tazza di couscous di grano, bollito

scelta di condimento tra: prezzemolo, basilico, coriandolo

pepe, sale

uno spruzzo di olio d'oliva

Tempo di preparazione: 5 min

Tempo di cottura: 20 min

Preparazione:

Preriscalda il forno a 200C ventilato / gas 6.

Marina il tacchino con il condimento a tua scelta e aggiungi le cipolle tagliate a dadini.

Spruzza il tuo stampo con olio d'oliva, metti il tacchino sul fondo con le verdure. Metti sopra ogni polpetta di tacchino 1 cucchiaio salsa marinara, quindi inserisci nel forno e cuoci per 8-10 minuti.

Servi con couscous.

Valori nutrizionali per porzione: 460kcal, 34g proteine, 53g carboidrati (4g fibre, 7g zuccheri), 12g grassi (4g saturi), 12% calcio, 15% ferro, 10% magnesio, 16% vitamina A, 15% vitamina C, 11% vitamina E, 16% vitamina K, 11% vitamina B1, 25% vitamina B3, 16% vitamina B6, 11% vitamina B9.

25. Hamburger di tonno ed Insalata

L'hamburger di tonno è ad alto contenuto di proteine e carboidrati, che lo rende una scelta eccellente per un pasto in un giorno di allenamento. Risolvi il problema in modo diverso ogni volta e rendilo interessante scambiando le verdure e il tuo condimento per l'insalata.

Ingredienti(1 porzione):

1 confezione di tonno in scatola (165g)

1 albume

½ tazza di funghi tritati

2 Tazze lattuga, tagliuzzate

¼ tazza di avena secca

1 cucchiaino di olio d'oliva

1 cucchiaio di condimento magro (quello che preferisci)

Un mazzetto di origano, tritato

1 rotolo medio di grano tagliato a metà

Tempo di preparazione: 10 min

Tempo di cottura: 10 min

Preparazione:

Mescola l'albume, il tonno, l'avena a secco, l'origano e formare un tortino.

Scalda l'olio in una padella antiaderente a fuoco medio, metti la pastella e poi capovolgila per assicurarsi che la cottura avvenga su entrambi i lati.

Taglia l'intero rotolo di grano a metà, in senso orizzontale, posiziona la pastella tra i 2 pezzi.

Mescola le verdure in una ciotola, aggiungi il condimento e servi accanto all' hamburger di tonno.

Valori nutrizionali per porzione: 560kcal, 52g proteine, 76g carboidrati (13g fibre, 7g zuccheri), 10g grassi (1g saturi), 11% calcio, 35% ferro, 38% magnesio, 16% vitamina A, 16% vitamina K, 35% vitamina B1, 33% vitamina B2, 24% vitamina B3, 28% vitamina B5, 41% vitamina B6, 21% vitamina B9, 82% vitamina B12.

26. Spiedini piccanti di manzo

Questo kebab piccante viene servito con un contorno di patate al forno, rendendolo non solo un pasto adatto alla costruzione del muscolo, ma anche un ottimo modo per migliorare la vista con la vitamina A nella tua dieta. Aggiungi un cucchiaio di yogurt a basso contenuto di grassi sulle patate per renderlo più rinfrescante.

Ingredienti(1 porzione):

140g polpa di manzo bistecca fianco

200g di Patata dolce

1 peperone, tritato

½ zucchine medie, tritate

aglio tritato

pepe, sale

Tempo di preparazione: 15 min

Tempo di cottura: 55 minuti

Preparazione:

Preriscalda il forno a 200C ventilato / gas 6. Avvolgi la patata dolce in un foglio, mettila in forno e cuoci per 45 min.

Taglia la bistecca in piccoli pezzi, condisci con sale, pepe e aglio. Monta il kebab, alternando manzo, zucchine e peperone.

Posiziona il kebab su una teglia e cuoci per 10 min. Servi con la patata dolce.

Valori nutrizionali per porzione: 375kcal, 38g proteine, 49g carboidrati (9g fibre, 12g zuccheri), 4g grassi (1g saturi), 24% ferro, 27% magnesio, 581% vitamina A, 195% vitamina C, 21% vitamina K, 22% vitamina B1, 28% vitamina B2, 61% vitamina B3, 28% vitamina B5, 92% vitamina B6, 20% vitamina B9, 30% vitamina B12.

27. Trota con patate in insalata

Hai paura di avere una carenza di vitamina B12? Allora prova questa abbondante porzione di trote, assieme ad una nutriente e ricca di vitamine insalata fresca di patate.

Ingredienti(2 porzioni):

2 * 140g filetti di trota

Patate 250g di polpa, dimezzate

4 cucchiaini di yogurt

4 cucchiaini di maionese magra

1 Cucchiaio di capperi, sciacquati

4 piccoli cornichons, a fette

2 cipollotti, Finemente affettati

¼ di cetriolo, tagliati a dadini

1 limone, la scorza di ½

Tempo di preparazione: 10 min

Tempo di cottura: 20 min

Preparazione:

Lessa le patate in acqua salata per 15 Minuti fino a quando sono leggermente tenere. Scola e sciacqua sotto l'acqua fredda, poi asciugale di nuovo.

Scalda il grill.

Mescola la maionese e yogurt e condisci con un po' di succo di limone. Mescola la miscela nelle patate con i capperi, la maggior parte delle cipolle, cetrioli e cetriolini. Cospargi l'insalata con il resto delle cipolle.

Condisci la trota, griglia su una teglia, la pelle rivolta verso il basso, fino a renderla abbastanza cotta. Cospargi con la scorza di limone e servi con l'insalata di patate.

Valori nutrizionali per porzione: 420kcal, 38g proteine, 28g carboidrati (3g fibre, 6g zuccheri), 13g grassi (3g saturi), 12% calcio, 11% ferro, 22% magnesio, 29% vitamina C, 59% vitamina K, 21% vitamina B1, 18% vitamina B2, 12% vitamina B3, 22% vitamina B5, 43% vitamina B6, 18% vitamina B9, 153% vitamina B12.

28. Chili di fagioli messicani

Con un alto contenuto di proteine per un pasto di mezzogiorno, questo piatto è un ottimo modo per ottenere 1/3 della quantità necessaria giornaliera di fibra. Anche se ha già abbastanza nutrienti per essere un pasto stand-alone, può anche essere servito sopra un letto di riso integrale.

Ingredienti(2 porzioni):

250g carne macinata

200g fagioli in scatola

75ml brodo di carne

½ cipolla, tagliata a dadini

½ peperone rosso a dadini

1 cucchiaino di pasta chipotle

1 cucchiaino di olio d'oliva

½ cucchiaino di peperoncino in polvere

1 tazza riso integrale, bollito (facoltativo)

foglie di coriandolo, per guarnire

Tempo di preparazione: 5 min

Tempo di cottura: 45 min

Preparazione:

Scalda l'olio in una padella antiaderente a fuoco medio quindi soffriggi la cipolla e peperoncino fino ad ammorbidirli. Aumenta la fiamma e aggiungere la polvere di peperoncino e cuoci per 2 Minuti prima di aggiungere la carne macinata. Cuoci fino a doratura e quando tutto il liquido sarà evaporato.

Inserisci nel brodo di manzo, i fagioli al forno e la pasta chipotle. Fai bollire a fuoco lento per 20 minuti, poi togli dal fuoco, cospargi di foglie di coriandolo e servi con il riso bollito.

Valori nutrizionali per porzione (senza riso): 402kcal, 34g proteine, 19g carboidrati (5g fibre, 10g zuccheri), 14g grassi (5g saturi), 29% ferro, 15% magnesio, 42% vitamina C, 11% vitamina B1, 16% vitamina B2, 34% vitamina B3, 40% vitamina B6, 18% vitamina B9, 52% vitamina B12.

½ tazza di riso: 108kcal

29. Tagliatelle con manzo e broccoli

Un comodo, gustoso piatto, le tagliatelle di manzo e broccoli richiedono solo 20 Minuti di preparazione, e le rende la scelta ideale per una giornata impegnativa. Le puoi servire con un paio di fette di peperoncino rosso per un po' di pepe in più.

Ingredienti(2 porzioni):

2 Tazze uovo tagliatelle

200g di manzo a striscioline

1 cipollotto, affettato

½ testa di broccoli, piccoli fiorellini

1 cucchiaino di olio di sesamo

Per la salsa:

1 ½ cucchiaio di salsa di soia poco salata

1 cucchiaino di ketchup

1 spicchio d'aglio, schiacciato

1 cucchiaio di salsa di ostriche

¼ pizzico di zenzero, Finemente grattugiato

1 cucchiaino di aceto di vino bianco

Tempo di preparazione: 10 min

Tempo di cottura: 10 min

Preparazione:

Mescola gli ingredienti per la salsa. Lessa la pasta secondo le istruzioni del pacchetto. Inserisci i broccoli quando è quasi pronta. Lascia insaporire per qualche minuto, quindi scola la pasta e i broccoli.

Scalda l'olio in un wok fino a renderlo molto caldo quindi soffriggi la carne per 2-3 minuti fino a doratura. Aggiungi la salsa, mescola e lascia sobbollire per qualche minuto poi spegni il fuoco.

Mescola la carne bovina nelle tagliatelle, cospargi con il cipollotto e servi subito.

Valori nutrizionali per porzione: 352kcal, 33g proteine, 39g carboidrati (5g fibre, 5g zuccheri), 9g grassi (2g saturi), 20% ferro, 20% magnesio, 20% vitamina A, 224% vitamina C, 214% vitamina K, 14% vitamina B1, 19% vitamina B2, 43% vitamina B3, 18% vitamina B5, 50% vitamina B6, 31% vitamina B9, 23% vitamina B12.

30. Merlano avvolto nella pancetta con patate

Questa degustazione fresca e leggera fornisce un sacco di energia ed è ad alto contenuto di proteine, che la rende una scelta ideale per un pasto del mezzogiorno. Il merlano può essere sostituito con un altro pesce bianco simile, mentre le olive possono essere sostituite da pomodori secchi.

Ingredienti(2 porzioni):

2 * 140g filetti di merlano

4 fette di pancetta

300g patate novelle

100g di Fagiolini

30g di Olive kalamata

il succo e la scorza di 1 limone

2 cucchiai di olio d'oliva

qualche rametto di dragoncello, foglie

Tempo di preparazione: 10 min

Tempo di cottura 15 min

Preparazione:

Scald ail Forno a 200C ventilato / gas 6. Fai bollire le patate per 10-12 Minuti finché sono tenere, aggiungi i fagiolini per gli ultimi 2-3 min. Scola bene, taglia le patate a metà e adagiale in una teglia. Mescola con le olive, scorza di limone e l'olio e fai riposare.

Condisci il pesce e avvolgilo con la pancetta poi mettilo sopra le patate. Cuoci in forno per 10-12 Minuti fino a cottura completa, quindi aggiungi il succo di limone, cospargi con dragoncello e servi.

Valori nutrizionali per porzione: 525kcal, 46g proteine, 36g carboidrati (5g fibre, 3g zuccheri), 31g grassi (8g saturi), 10% ferro, 31% magnesio, 63% vitamina C, 18% vitamina K, 15% vitamina B1, 13% vitamina B2, 14% vitamina B3, 25% vitamina B6, 73% vitamina B12.

CENA

31. Sushi in ciotola

Una ciotola di sushi a basso contenuto calorico che sostituisce il riso, con il cavolfiore condito con aglio, salsa di soia e succo di lime per un gusto in più. Utilizza i fogli di alga per avvolgere i cavolfiori ed il salmone per fare un mini rullo.

Ingredienti(2 porzioni):

170g di salmone affumicato

1 avocado di medie dimensioni

½ testa di cavolfiore, cotta a vapore e tritata

1/3 tazza di carote, tagliuzzate

½ cucchiaino di cayenna

1.2 cucchiaino di aglio in polvere

1 cucchiaio di salsa di soia con poco sale

2 fogli di alghe

Succo di ½ lime

Tempo di preparazione: 10 min

Nessuna cottura

Preparazione:

Metti il cavolfiore, carote, salsa di soia, aglio, succo di lime e pepe di Caienna in un robot da cucina. Arresta la miscelazione prima che l'impasto risulti una crema. Servi accanto ai fogli di salmone e alghe.

Valori nutrizionali per porzione: 272kcal, 20g proteine, 13g carboidrati (7g fibre, 4g zuccheri), 16g grassi (1g saturi), 10% ferro, 14% magnesio, 73% vitamina A, 88% vitamina C, 13% vitamina E, 40% vitamina K, 18% vitamina B1, 15% vitamina B2, 31% vitamina B3, 21% vitamina B5, 31% vitamina B6, 26% vitamina B9, 45% vitamina B12.

32. Pollo in agrodolce

Il pollo in agrodolce è una deliziosa ricetta semplice che ha un posto d'onore in ogni cucina per gli sportivi. Ha un alto contenuto di proteine e vitamine e ben si sposa con fiori di broccoli al vapore.

Ingredienti(2 porzioni):

300g di Petti di pollo tagliati a bocconcini

1 cucchiaino di aglio sale

¼ tazza brodo di pollo con poco sale

¼ di tazza di aceto bianco

¼ dolcificante non calorico

¼ cucchiaino di pepe nero

1 cucchiaino di salsa di soia con poco sale

3 cucchiaini di Ketchup con pochi zuccheri

maranta

400g fiori di broccoli al vapore

Tempo di preparazione: 10 min

Tempo di cottura 15 min

Preparazione:

Metti il pollo in una grande ciotola e condisci con l'aglio, pepe e sale, cercando di ricoprire tutto. Cuoci il pollo a fuoco medio / alto fino a cottura.

Nel frattempo, metti insieme il brodo di pollo, dolcificante, aceto, ketchup e salsa di soia in una casseruola, porta la miscela ad ebollizione e gira a fuoco basso. Aggiungi la maranta un po' alla volta e sbatti energicamente. Mescola per qualche minuto.

Versa la salsa sul pollo cotto e servi con broccoli al vapore a parte.

Valori nutrizionali per porzione: 250kcal, 40g proteine, 14g carboidrati (6g fibre, 4g zuccheri), grassi 2g, 11% calcio, 14% ferro, 20% magnesio, 24% vitamina A, 303% vitamina C, 254% vitamina K, 17% vitamina B1, 21% vitamina B2, 90% vitamina B3, 24% vitamina B5, 58% vitamina B6, 33% vitamina B9.

33. Hummus all'aglio

Ci vogliono sono 5 minuti per preparare questo salutare e delizioso pasto. E' pieno zeppo di magnesio e dispone di una discreta quantità di proteine considerando la ricetta è senza carne. Prendi una tortilla di grano intero e prepara questo piatto.

Ingredienti(3 porzioni):

1 * 400g di ceci in scatola (salva 1/4 del liquido)

¼ tazza di tahini

¼ di tazza di succo di limone

1 spicchio d'aglio

1 cucchiaio di olio d'oliva

¼ di cucchiaino di zenzero in polvere

¼ cucchiaino di cumino macinato

2 cipollotti, finemente tritati

1 pomodoro, tritato

Tempo di preparazione: 5 min

Nessuna cottura

Preparazione:

Inserisci i ceci, liquido, tahini, succo di limone, olio d'oliva, aglio, cumino e zenzero in un robot da cucina e frulla fino a farli diventare una crema.

Incorpora il pomodoro e lo scalogno e condisci con sale e pepe. Servi accanto a fette di peperone.

Valori nutrizionali per porzione: 324kcal, 11g proteine, 21g carboidrati (7g fibre, 1g zuccheri), 17g grassi (2g saturi), 22% calcio, 54% ferro, 135% magnesio, 10% vitamina A, 12% vitamina C, 33% vitamina K, 122% vitamina B1, 12% vitamina B2, 44% vitamina B3, 11% vitamina B5, 12% vitamina B6, 40% vitamina B9.

34. Pollo con ananas e peperoni

Prenditi una pausa dalle solite ricette di pollo e prova questa versione con il dolce ananas fresco. Ad alto contenuto di vitamina B3 e proteine, questo pasto è anche una fonte importante di carboidrati. Per variare, è possibile sostituire il riso con la quinoa.

Ingredienti(1 porzione):

140g di petto di pollo disossato

1 cucchiaio di senape

½ tazza di ananas fresco tagliato a dadini

½ tazza di peperoni a dadini

50g riso integrale

Una spruzzata di Olio di cocco

1 cucchiaino di cumino

Sale e pepe

Tempo di preparazione: 5 min

Tempo di cottura: 15 minuti

Preparazione:

Taglia il pollo a pezzetti poi strofina la senape sui pezzi e condisci con sale, pepe e cumino.

Metti una padella a fuoco medio e ungi leggermente con olio di cocco, aggiungi il pollo e cuoci su tutti i lati. Quando il pollo è quasi finito, alza il fuoco e getta dei pezzi di ananas e peperoni, cucina e fai in modo che tutti i lati siano marroni. Questo dovrebbe prenderti 3-5 min.

Fai bollire il riso integrale e servi accanto al pollo.

Valori nutrizionali per porzione: 377kcal, 37g proteine, 50g carboidrati (6g fibre, 10g zuccheri), 1g grassi, 12% ferro, 33% magnesio, 168% vitamina C, 26% vitamina B1, 13% vitamina B2, 96% vitamina B3, 22% vitamina B5, 65% vitamina B6, 10% vitamina B9.

35. Frullato di proteine in stile messicano

Concediti una pausa a base di carne e metti questi ingredienti assieme per una gustosa alternativa al solito. È possibile saltare i grassi fritti e calorie malsane e ottenere comunque il sapore di un pasto messicano.

Ingredienti:

1/3 tazza di fagioli neri bolliti

½ tazza riso integrale cotto

2 cucchiai di salsa

¼ di avocado, tagliato

Tempo di preparazione: 5 min

Nessuna cottura

Preparazione:

Frulla assieme tutti gli ingredienti e servi.

Valori nutrizionali per porzione: 307kcal, 11g proteine, 48g carboidrati (11g fibre, 1g zuccheri), 7g grassi (1g zuccheri), 26% magnesio, 13% vitamina K, 16% vitamina B1, 11% vitamina B3, 17% vitamina B6, 30% vitamina B9.

36. Insalata di pollo e rucola

Le foglie di rucola aggiungono una certa soddisfazione a questa insalata dolce e super sana. L'abbondanza di verdure e una fonte di proteine di qualità, in questo pasto possono arricchirsi di semplice condimento di yogurt a basso contenuto di grassi e aglio.

Ingredienti(1 porzione):

120g di petto di pollo

5 carote, tritate

¼ di cavolo rosso, tritato

½ tazza rucola

1 Cucchiaio di semi di girasole

1 cucchiaino di olio d'oliva

Tempo di preparazione: 10 min

Tempo di cottura: 10 min

Preparazione:

Taglia il pollo a cubetti delle dimensioni di un boccone. Scalda l'olio in una padella antiaderente e friggi il pollo fino a quando non è cotto. Metti da parte e fai raffreddare.

Metti le carote, rucola e cavolo in una grande ciotola. Guarnisci l'insalata con il pollo e semi di girasole raffreddati e servi.

Valori nutrizionali per porzione: 311kcal, 30g proteine, 9g carboidrati (1g fibre), 13g grassi (1g saturi), 11% ferro, 22% magnesio, 150% vitamina A, 25% vitamina C, 29% vitamina E, 32% vitamina K, 23% vitamina B1, 10% vitamina B2, 72% vitamina B3, 11% vitamina B5, 49% vitamina B6, 17% vitamina B9.

37. Halibut con senape di Dijon

Questo pasto di halibut piccante è un modo veloce e facile, per avere una dose abbondante di proteine. E' a basso contenuto di carboidrati e con alto contenuto di vitamine, scelta perfetta per la cena. Il basso contenuto calorico permette di raddoppiare la salsa se ti sentirai indulgente.

Ingredienti(2 porzioni):

220g di halibut

¼ di cipolla, tagliata a dadini

1 peperone rosso a dadini

1 spicchio d'aglio

1 cucchiaio di senape di Digione

1 cucchiaino di salsa Worcester

1 cucchiaino di olio d'oliva

succo di 1 limone

un mazzetto di prezzemolo

2 grandi carote tagliate a bastoncini

1 tazza di fiori di broccoli

1 tazza di funghi, affettati

Tempo di preparazione: 10 min

Tempo di cottura: 20 min

Preparazione:

Metti il peperone rosso, aglio, prezzemolo, senape, cipolla salsa Worcester, succo di limone e olio d'oliva in un robot da cucina.

Metti il pesce, salsa e il resto delle verdure in un grande sacchetto adatto alla cottura. Cuoci in forno a 190C ventilato / gas 5 per 20 minuti e servi.

Valori nutrizionali per porzione: 225kcal, 33g proteine, 12g carboidrati (3g fibre, 5g zuccheri), 5g grassi (1g saturi), 11% calcio, 10% ferro, 35% magnesio, 180% vitamina A, 77% vitamina C, 71% vitamina K, 13% vitamina B1, 19% vitamina B2, 51% vitamina B3, 14% vitamina B5, 34% vitamina B6, 15% vitamina B9, 25% vitamina B12.

38. Pollo cotto in vassoio

Veloce, facile e gustoso, questo piatto può essere un'idea estiva nella tua cucina con accompagnamento di pomodorini. Il pesto aggiunge un sapore fresco per un petto di pollo condito in modo semplice.

Ingredienti(2 porzioni):

300g di petto di pollo

300g pomodorini

2 cucchiai di pesto

1 cucchiaio di olio d'oliva

sale, pepe

Tempo di preparazione: 5 min

Tempo di cottura: 15 min

Preparazione:

Metti il petto di pollo in una teglia, insaporisci, condisci con l'olio d'oliva e poi metti sotto al grill per 10 minuti. Aggiungi i pomodorini e cucina per altri 5 minuti fino a quando il pollo sarà cotto. Stendi del pesto sul vassoio e servi con accanto i pomodorini.

Valori nutrizionali per porzione: 312kcal, 36g proteine, 7g carboidrati (2g fibre, 5g zuccheri), 19g grassi (4g saturi), 15% magnesio, 25% vitamina A, 34% vitamina C, 11% vitamina E, 20% vitamina K, 10% vitamina B1, 88% vitamina B3, 13% vitamina B5, 33% vitamina B6.

39. Hamburger di Tofu

Tofu ha tutti gli aminoacidi essenziali, che lo rendono un perfetto sostituto della carne. Le cipolle caramellate con fiocchi di peperoncino e Sriracha, in coppia con il teriyaki delizieranno il vostro palato.

Ingredienti(1 porzione):

85g tofu (extra sodo)

1 Cucchiaio teriyaki marinato

1 Cucchiaio Sriracha

1 foglia di lattuga

30g di carote, tagliuzzate

¼ Cipolla Rossa, a fette

½ cucchiaino di fiocchi di peperoncino rosso

1 rotolo di grano di medie dimensioni rotolo di grano

Tempo di preparazione: 5 min

Tempo di cottura: 10 min

Preparazione:

Scalda la griglia.

Marina il tofu in teriyaki marinato, fiocchi di peperoncino rosso e Sriracha poi metti a grigliare per 3-5 minuti su ogni lato.

Soffriggi la cipolla rossa in una padella antiaderente fino a caramellarla.

Taglia il rotolo a metà per aprirlo come un libro. Farcisci il rotolo con il tofu alla griglia, cipolle caramellate, carote e lattuga e servi.

Valori nutrizionali per porzione: 194kcal, 11g proteine, 28g carboidrati (5g fibre, 8g zuccheri), 5g grassi (1g saturi), 21% calcio, 14% ferro, 19% magnesio, 95% vitamina A, 10% vitamina B1, 14% vitamina B6.

40. Merluzzo piccante

Ad alto contenuto di proteine e grassi sani e povero di carboidrati, questo super piccante merluzzo darà una scossa al resto della tua giornata. Servi con un po' di riso integrale se hai bisogno di una spinta di carboidrati per un allenamento serale e aggiungi altri 2 peperoni, se ti senti in grado di gestire più spezie.

Ingredienti(2 porzioni):

340g di merluzzo bianco

10 pomodorini, tagliati a metà

2 peperoni jalapeno, a fette

2 cucchiai di olio d'oliva

sale marino

peperoncino in polvere

Tempo di preparazione: 5 min

Tempo di cottura: 10 min

Preparazione:

Scalda l'olio in una padella antiaderente. Cospargi il merluzzo con sale e peperoncino, metti in padella e cuoci per 10 minuti a fuoco medio. Mescolaci i peperoni 1-2 minuti prima che il pesce sia cotto.

Servi con pomodorini.

Valori nutrizionali per porzione: 279kcal, 30g proteine, 6g carboidrati (1g fibre, 1 g zuccheri), 16g grassi (2g saturi), 11% magnesio, 17% vitamina A, 38% vitamina C, 26% vitamina E, 33% vitamina K, 24% vitamina B3, 43% vitamina B6, 26% vitamina B12.

41. Funghi grigliati e hamburger di zucchine

I funghi Portobello hanno una spessa consistenza carnosa che li rende apprezzatissimi tra i vegetariani e gli amanti della carne allo stesso modo. Concediti hamburger della natura per avere un carico di minerali e vitamine ad un contenuto calorico minimo.

Ingredienti(1 porzione):

1 grande fungo portobello

¼ piccole zucchine a fette

1 cucchiaino peperoni arrosto

1 fetta di formaggio magro

4 foglie di spinaci

Uno spruzzo di olio d'oliva

1 rotolo medio di grano intero

Tempo di preparazione: 5 min

Tempo di cottura: 5 minuti

Preparazione:

Scalda la griglia. Spruzza la cappella del fungo con olio di oliva e metti sulla griglia con le fette di zucchina.

Taglia il rotolo a metà, in senso orizzontale, quindi posiziona gli strati degli ingredienti su una metà e ricopri con l'altra. Servi immediatamente.

Valori nutrizionali per porzione: 185kcal, 12g proteine, 24g carboidrati (4g fibre, 5g zuccheri), 4g grassi (1g saturi), 21% calcio, 17% ferro, 20% magnesio, 78% vitamina A, 28% vitamina C, 242% vitamina K, 15% vitamina B1, 37% vitamina B2, 26% vitamina B3, 16% vitamina B5, 16% vitamina B6, 31% vitamina B9.

42. Pesce mediterraneo

Quale modo migliore per raggiungere il tuo fabbisogno giornaliero di vitamina B12 che con una serie di piatti dai sapori mediterranei? Le vitamine e minerali sono ben rappresentati e il conteggio delle proteine è buono per una cena leggera.

Ingredienti(2 porzioni):

200g trota fresca

2 pomodori medio-grandi

3 cucchiaini di capperi

½ peperone rosso, tritato

1 spicchio d'aglio, tritato

10 olive verdi, a fette

¼ di cipolla, tritata

½ tazza di spinaci

1 cucchiaio di olio d'oliva

Sale e pepe

Tempo di preparazione: 10 min

Tempo di cottura: 15 min

Preparazione:

Scalda una padella a fuoco medio; aggiungi i pomodori interi, aglio e olio d'oliva. Copri e fai cuocere a fuoco lento per qualche minuto fino a quando i pomodori cominciano ad ammorbidirsi.

Aggiungi la cipolla, peperone, olive, capperi, Sale e pepe (e un po' d'acqua se necessario). Copri e fai cuocere a fuoco lento fino a quando i pomodori si sgonfiano e il peperone e la cipolla si saranno ammorbiditi.

Aggiungi la trota, copri e cuoci in camicia per 5-7 min.

Aggiungi gli spinaci all'ultimo minuto quindi servi.

Valori nutrizionali per porzione: 305kcal, 24g proteine, 7g carboidrati (1g fibre, 4g zuccheri), 11g grassi (3g saturi), 10% calcio, 12% magnesio, 36% vitamina A, 56% vitamina C, 62% vitamina K, 13% vitamina B1, 33% vitamina B3, 12% vitamina B5, 25% vitamina B6, 15% vitamina B9, 105% vitamina B12.

43. Cena simpatica per vegani

Un pasto simpatizzante per vegani con una buona quantità di proteine e Vitamine. Lascia nella tua bocca il gusto che merita con questa salsa dolce e piccante che ha dentro il sapore del tofu ed è facile da fare.

Ingredienti(2 porzioni):

340g tofu

¼ di tazza di salsa di soia

¼ tazza Zucchero di canna

2 cucchiaini olio di sesamo

1 cucchiaino di olio d'oliva

1 cucchiaino fiocchi di peperoncino

2 spicchi d'aglio, tritati

1 cucchiaino di zenzero, grattugiato fresco

sale

Tempo di preparazione: 5 min

Tempo di cottura: 15 min

Preparazione:

Mescola zucchero di canna, salsa di soia, olio di sesamo, zenzero, peperoncino e scaglie di sale in una ciotola e metti da parte.

Versa l'olio d'oliva in una casseruola e calore poi friggi il tofu per circa 10 min.

Versa la salsa nella padella e cuoci per 3-5 minuti. Servi quando la salsa è addensata e il tofu è fatto.

Valori nutrizionali per porzione: 245kcal, 17g proteine, 15g carboidrati (1g fibre, 11g zuccheri), 15g grassi (3g saturi), 34% calcio, 19% ferro, 19% magnesio, 11% vitamina B2, 11% vitamina B6.

44. Tonno sciolto

A differenza di un piatto di tonno fuso ad alto contenuto di grassi saturi e carboidrati, questo piatto ha una quantità moderata di carboidrati e proteine presenti in una manciata di tonno, e lo rende un pasto eccellente che supporta la crescita muscolare magra.

Ingredienti(2 porzioni):

1 scatoletta di tonno (165g)

2 fette di mozzarella magra

2 cucchiaino di salsa di pomodoro

1 muffin di grano intero inglese

una spolverata di origano

Tempo di preparazione: 5 min

Tempo di cottura: 3 min

Preparazione:

Preriscalda il forno a 190C ventilato / gas 5.

Taglia il muffin inglese e poi condisci ogni metà con la salsa di pomodoro. Metti sopra il tonno, cospargi con l'origano e mettici sopra a tutto una fetta di formaggio. Metti a sciogliere nel forno e cuoci per 2-3 minuti o fino a quando il formaggio si sarà sciolto, poi dividi in 2 piatti e servi.

Valori nutrizionali per porzione: 255kcal, 31g proteine, 14g carboidrati (2g fibre, 2 g zuccheri), 6g grassi (4g saturi), 29% calcio, 11% ferro, 13% magnesio, 10% vitamina B1, 10% vitamina B2, 60% vitamina B3, 23% vitamina B6, 52% vitamina B12.

45. Insalata di pollo e avocado

Un pasto che fornisce un grande equilibrio di proteine di qualità e Grassi sani che ti soddisferanno senza strafare sul fronte carboidrati. Sostituisci l'aceto con succo di limone per una sensazione di fresco.

Ingredienti(1 porzione):

100g di petto di pollo

1 cucchiaino di paprika affumicata

2 cucchiaini olio d'oliva

Per l'insalata:

½ avocado medio, tagliato a dadini

1 pomodoro medio, tritato

½ cipolla rossa piccola, tagliata a fette sottili

1 cucchiaio di prezzemolo, tritato grossolanamente

1 cucchiaino di aceto di vino rosso

Tempo di preparazione: 10 min

Tempo di cottura: 10 min

Preparazione:

Scalda la griglia a media temperatura. Strofina il pollo con 1 cucchiaio di olio d'oliva e paprika. Cuoci per 5 minuti su ogni lato fino a quando non è cotto e leggermente carbonizzato. Taglia il pollo a fette spesse.

Mescola gli ingredienti insieme, insaporisci, aggiungi il resto del olio d'oliva e servi con il pollo.

Valori nutrizionali per porzione: 346kcal, 26g proteine, 14g carboidrati (6g fibre, 4g zuccheri), 22g grassi (3g saturi), 16% magnesio, 22% vitamina, 44% vitamina C, 18% vitamina E, 38% vitamina K, 12% vitamina B1, 11% vitamina B2, 66% vitamina B3, 19% vitamina B5, 43% vitamina B6, 22% vitamina B9.

SPUNTINI

1. Pomodorini con ricotta

Taglia 5 pomodorini a metà e spalma con 2 cucchiai formaggio di capra mescolato con aneto fresco e un pizzico di sale.

Valori nutrizionali: 58kcal, 4g proteine, 10g carbs, 30% vitamina A, 40% vitamina C, 20% vitamina K, 10% vitamina B1, 10% vitamina B6, 10% vitamina B9.

2. Toast con avocado

Tosta un piccolo pezzo di pane integrale poi copri con 50 g di purè di avocado e cospargi con Sale e pepe.

Valori nutrizionali: 208kcal, 5g proteine, 28g carboidrati (6g fibre, 2g zuccheri), 9g grassi (1g saturi), 13% vitamina K, 13% vitamina B9.

3. Peperoni con ricotta

Taglia un piccolo peperone a metà, togli i semi poi spalma 50 g di ricotta mescolata con il tuo condimento preferito.

Valori nutrizionali: 44kcal, 6g proteine, 3g carboidrati (3g zuccheri), 49% vitamina C.

4. Torta di riso con burro di arachidi

Spalma 1 torta di riso con 1 cucchiaio di burro di arachidi cremoso.

Valori nutrizionali: 129kcal, 5g proteine, 10g carboidrati (1g fibre, 1 g zuccheri), 8g grassi (1g saturi), 10% vitamina B3.

5. Sedano con formaggio di capra e olive verdi

Copri 3 gambi di sedano di media grandezza con 3 cucchiai formaggio di capra e 3 olive verdi a fette.

Valori nutrizionali: 102kcal, 4g proteine, 6g carboidrati (3g fibre), 6g grassi (4g saturi), 12% calcio, 45% vitamina K, 18% vitamina A, 12% vitamina B9.

6. Yogurt con Bacche di Goji secche

Mescola 150g di yogurt magro con 10g di bacche di goji.

Valori nutrizionali: 134kcal, 7g proteine, 19g carboidrati (1g fibre, 18% zuccheri), 4g grassi (1g saturi), 27% calcio, 24% ferro, 13% vitamina C, 19% vitamina B2, 13% vitamina B12.

7. Mela e burro di arachidi

Affetta una piccola mela e spalma 1 cucchiaino di crema di burro di arachidi su ogni fetta.

Valori nutrizionali: 189kcal, 4g proteine, 28g carboidrati (5g fibre, 20g zuccheri), 8g grassi (1g saturi), 14% vitamina C, 14% vitamina B3.

8. Yogurt Greco con fragole.

Mescola 150g Yogurt Greco con 5 fragole medie tagliate a metà.

Valori nutrizionali: 150kcal, 11g proteine, 10g carboidrati (10g zuccheri), 8g grassi (5g saturi), 10% calcio, 60% vitamina C.

9. Mix di frutta secca

Mescola insieme 10g di noci, 10g di mandorle e 30g di uvetta.

Valori nutrizionali: 217kcal, 4g proteine, 25g carboidrati (2g fibre, 17g zuccheri), 13g grassi (1g saturi), 10% magnesio.

10. Prosciutto e gambi di sedano

Avvolgi 6 gambi di sedano di media dimensione con 3 fette di prosciutto e servi con 1 cucchiaino di senape di grano intero.

Valori nutrizionali: 129kcal, 15g proteine, 6g carboidrati (6g fibre), 3g grassi, 12% calcio, 24% vitamina A, 12% vitamina C, 90% vitamina K, 18% vitamina B1, 12% vitamina B2, 24% vitamina B3, 15% vitamina B6, 24% vitamina B9.

11. Yogurt con frutti tropicali

Aggiungi a 150g di Yogurt Greco ½ tazza di kiwi tagliato e ¼ tazza di fette di mango.

Valori nutrizionali: 210kcal, 12g proteine, 25g carboidrati (2g fibre, 19g zuccheri), 8g grassi (5g saturi), 13% calcio, 11% vitamina A, 155% vitamina C, 46% vitamina K.

12. Yogurt ai mirtilli

Unisci 150g di yogurt magro a ½ tazza di mirtilli.

Valori nutrizionali: 136kcal, 8g proteine, 21g carboidrati (2g fibre, 18g zuccheri), 3g grassi (1g saturi), 27% calcio, 13% vitamina C, 18% vitamina K, 21% vitamina B2, 13% vitamina B12.

13. Tazza di popcorn

Valori nutrizionali: 31kcal, 1g proteine, 6g carboidrati (1g fibre).

14. Ceci arrostiti

Valori nutrizionali 50g: 96kcal, 4g proteine, 13g carboidrati (4g fibre, 2g zuccheri), 3g grassi.

BODYBUILDER RICETTE DI FRULLATI

Giorno 1

Colazione: Tutto in un frullato

Frullato di Energia, Incremento muscoli

Preparazione:

Mescola tutti gli ingredienti insieme in una centrifuga o frullatore ad alta velocità e poi gustati un delizioso frullato.

Sappiamo tutti quanto sia difficile aumentare la massa muscolare; abbiamo sempre bisogno di aiuto per affrontare questo problema. Qui troverai un grande frullato per migliorare l'incremento muscolare e anche rafforzare il corpo. Si può bere in qualsiasi momento della giornata, ma ti consiglio di gustarlo a colazione.

Ingredienti:

- Latte, 400 ml
- 2 misurini di proteine del siero del latte in polvere
- 2 banane da 140g
- 2 cucchiai di olio di mandorle.
- 1 mela

Componenti Nutritivi:

- Calorie: 443
- Proteine: 32.5 g
- Carboidrati: 45 g
- Grassi: 16 g

Giorno 2

Pranzo: Bevi un grande frullato

Frullato per incrementare la massa muscolare

Preparazione:

Mescola tutti gli ingredienti insieme in una centrifuga o frullatore ad alta velocità e poi gusta un delizioso frullato.

Mangiare molto per ottenere tanto è il segreto per costruire grandi quantità di massa muscolare basate principalmente su una percentuale di Proteine. Per raggiungere tale obiettivo è necessario faticare parecchio e mangiare correttamente, e qui troverai un grande frullato che ti aiuterà in questo.

Ingredienti:

- ½ tazza di latte di mardorle senza zuccheri
- 2 cucchiai di sciroppo d'acero
- 2 Banane ghiacciate
- 1 misurino di proteine del siero del latte in polvere
- 3 cucchiai di burro di mandorle

Componenti Nutritivi:

- Calorie – 830

- Grassi totali - 30g (grassi sani dal burro di mandorle)
- Carboidrati – 115g
- Fibre- 14g
- Carboidrati netti-101 g
- Senza Glutine
- Proteine: 46 g

Giorno 3

Colazione: Niente frullato in polvere

Frullato per incrementare la massa muscolare

Preparazione:

Mescola tutti gli ingredienti insieme in una centrifuga o frullatore ad alta velocità e poi gusta un delizioso frullato.

Ottenere il massimo dal tuo mix con questa grande ricetta. Se hai poco tempo, ma vuoi raggiungere la quota nutrizionale giornaliera, questa deliziosa bevanda è pronta in meno di un minuto. Il corpo ha bisogno di un ricco frullato ricco di proteine "super" per i tuoi muscoli e ti darà un buon equilibrio di carboidrati e proteine con questa mistura di ingredienti.

Ingredienti:

- Olio di mandorle 2 cucchiai
- 2 cucchiai di Burro di arachidi
- ½ - 1 cucchiaino di miele
- 1 Banana media
- 2 tazze di latte
- 2 misurini di proteine del siero del latte in polvere

Componenti Nutritivi:

- Calorie: 601
- Proteine: 49 g
- Carboidrati: 63 g
- Grassi: 25 g

Giorno 4

Colazione: Frullato di caffè e proteine

Frullato per incrementare la massa muscolare

Preparazione:

Mescola tutti gli ingredienti insieme in una centrifuga o frullatore ad alta velocità e poi gusta un delizioso frullato.

Questa ricetta richiede pochi secondi, e ti piacerà un sacco. Assicurati di utilizzare tutti gli ingredienti, mescola bene e bevili dopo una sessione di allenamento. Il recupero muscolare è una delle cose più difficili da raggiungere in palestra, e quindi qualsiasi aiuto che potrai ottenere ne sarà sicuramente valsa la pena.

Ingredienti:

- 2 misurini di proteine del siero del latte in polvere
- 8 once di caffè
- 8 once di latte al 2%
- 2 cucchiai di Crème Caramel

Componenti Nutritivi:

- Calorie: 398
- Proteine 58.4 g

- Carboidrati 13.4 g
- Grassi 6.4 g

Giorno 5

Colazione: Frullato di Burro di arachidi e proteine

Frullato per incrementare la massa muscolare

Preparazione:

Mescola tutti gli ingredienti insieme in una centrifuga o frullatore ad alta velocità e poi gusta un delizioso frullato.

Questa ricetta è utilissima per aumentare le tue prestazioni ginniche per incrementare la massa muscolare. Metti gli ingredienti in un frullatore e rendili una crema. Puoi anche utilizzare del latte aggiunto al burro di arachidi per far innalzare le calorie a questo frullato, a te la scelta.

Ingredienti:

- 8 oz di di latte scremato
- 1 banana
- 1 cucchiai di burro di arachidi
- 2 misurini di proteine del siero del latte in polvere

Componenti Nutritivi:

- Calorie 498
- Proteine 58 g

- Carboidrati 44.1 g
- Grassi 11 g

Giorno 6

Colazione: Super Frullato Rosa

Frullato per incrementare la massa muscolare

Preparazione:

Mescola tutti gli ingredienti insieme in una centrifuga o frullatore ad alta velocità e poi gusta un delizioso frullato.

Quando si tratta di massicci aumenti di peso, è più importante consumare la giusta quantità di calorie attraverso un corretto rapporto di carboidrati e proteine in modo da avere abbastanza energia per allenarsi e sufficienti proteine per permettere ai muscoli di svilupparsi.

Ingredienti:

- ¾ tazza di lamponi congelati
- ½ banana piccola
- 1 misurino di proteine del siero del latte in polvere
- ½ cucchiai di burro di cocco naturale
- 5 g glutammina
- 1 tazza di acqua di sorgente

Componenti Nutritivi:

- Calorie: 268
- Proteine : 16.5 g
- Carboidrati: 44.5 g
- Grassi 6.7 g

Giorno 7

Colazione: Frullato di banana e proteine

Frullato per incrementare la massa muscolare

Le proteine sono i nutrienti più importanti per la crescita muscolare. Esse assicurano che il corpo funzioni correttamente. Per i praticanti di bodybuilding, che vogliono ottenere una grande massa muscolare, naturalmente, bisogna seguire una formazione adeguata ed una corretta alimentazione. Questo è un frullato facile da preparare che ha una grande quantità di proteine.

Preparazione:

Mescola tutti gli ingredienti insieme in una centrifuga o frullatore ad alta velocità e poi gusta un delizioso frullato.

Ingredienti:

- 8 oz di latte scremato
- 1 banana
- ½ tazze di avena
- 2 misurini di proteine del siero del latte in polvere

Componenti Nutritivi:

- Calorie 554
- Proteine 58g

- Carboidrati 67.5g
- Grassi 6g

Giorno 8

Colazione: Frullato di Banana bacche e Proteine

Frullato per aumentare la massa muscolare

Questo è un grande frullato per ottenere forza e massa in un breve periodo di tempo, senza ritardi. E' sano, naturale, e sarà di grande impatto nella tua routine in palestra. Vediamo quindi gli ingredienti e tutto ciò che esso ha da offrire.

Preparazione:

Mescola tutti gli ingredienti insieme in una centrifuga o frullatore ad alta velocità e poi gusta un delizioso frullato.

Ingredienti:

- 12 once di acqua
- 4 cubetti di ghiaccio
- 1 banana
- 2 misurini di proteine in polvere

Componenti Nutritivi:

- Calorie 314
- Proteine 45.1g
- Carboidrati: 32.1g

- Grassi 2.4g

Giorno 9

Colazione: Banana e mandorla dissetanti

Frullato per aumentare la massa

Aumenta la tua massa muscolare utilizzando questa ricetta, e poi tieni traccia dei progressi dell'allenamento del giorno successivo per vedere se ti ha giovato. Potresti anche prepararlo la sera prima, per far combinare al meglio gli ingredienti.

Preparazione:

Mescola tutti gli ingredienti insieme in una centrifuga o frullatore ad alta velocità e poi gusta un delizioso frullato.

Ingredienti:

- 1 banana media congelata
- 1 tazza di yogurt bianco
- 100 ml acqua ghiacciata
- 1 onca di mardorle
- 1 tazza di avena

Componenti Nutritivi:

- Calorie: 650

- Proteine: 53 g
- Carboidrati: 75 g
- Grassi: 15 g

Giorno 10

Pranzo: Frullato Cannella e Proteine

Frullato per la crescita muscolare

Segui questa ricetta per aumentare lo sviluppo muscolare, con una bassa assunzione di grassi. Si può bere questo frullato a qualsiasi ora del giorno.

Preparazione:

Mescola tutti gli ingredienti insieme in una centrifuga o frullatore ad alta velocità e poi gusta un delizioso frullato.

Ingredienti:

- 1 tazza di latte scremato
- 1 Banana ghiacciata
- 1 misurino di proteine del siero del latte in polvere
- 1 cucchiai di Burro di arachidi

Componenti Nutritivi:

- Calorie: 391
- Proteine: 38g
- Carboidrati: 42.1g
- Grassi: 10g

Giorno 11

Colazione: Frullato per guadagnare incremento

Frullato per aumentare la massa

Ecco una grande ricetta che ti darà una spinta enorme di energia e inoltre contribuirà ad aumentare il tuo sviluppo muscolare. Quindi, sii pronto per una grande esperienza in grado di migliorare le tue sessioni in palestra.

Preparazione:

Mescola tutti gli ingredienti insieme in una centrifuga o frullatore ad alta velocità e poi gusta un delizioso frullato.

Ingredienti:

- 10-14 oz di acqua pura
- 1/2 tazza di mandorle al naturale
- 1/2 Banana ghiacciata grande
- 2 misurini di proteine del siero del latte in polvere

Componenti Nutritivi:

- Calorie: 380
- Proteine: 75 g
- Carboidrati: 57 g

- Grassi: 15 g

Giorno 12

Colazione: Frullato di energia estrema

Frullato per aumentare massa ed energia

Se stavi cercando qualcosa che ti fornisca un po' di energia in più e che riesca anche a migliorare la tua crescita muscolare dovresti provare questa ricetta. Questo frullato è pieno di sani ingredienti. Il tè verde previene il cancro e i semi di lino forniscono una buona porzione di omega 3, importante per lo sviluppo del tuo corpo.

Preparazione:

Mescola tutti gli ingredienti insieme in una centrifuga o frullatore ad alta velocità e poi gusta un delizioso frullato.

Ingredienti:

- 10 oz di acqua pura
- 10 fragole (Fresca o Congelata)
- 1 cucchiaino di olio di semi di lino
- 1/2 cucchiaino di Tè verde in polvere
- 1/2 cucchiaino di estratto di vaniglia
- 1 misurino di proteine del siero del latte in polvere

Componenti Nutritivi:

- Calorie: 420
- Proteine: 50 g
- Carboidrati: 42 g
- Grassi: 17 g

Giorno 13

Lunch: Frullato di pesche

Frullato per aumentare la massa

Le pesche in questo frullato conferiscono un sapore fantastico e i fiocchi di latte sono una fonte eccellente di proteine facili da digerire. Il momento migliore del giorno per bere questo frullato sarebbe la mattina, ma si può bere in qualsiasi momento.

Preparazione:

Mescola tutti gli ingredienti insieme in una centrifuga o frullatore ad alta velocità e poi gusta un delizioso frullato.

Ingredienti:

- 8 oz di acqua pura
- 1 pesca matura
- 2 cucchiaino di fiocchi di latte con pochi grassi
- Zucchero di canna
- 1.5 misurini di proteine del siero del latte in polvere

Componenti Nutritivi:

- Calorie: 250
- Proteine: 40 g

- Carboidrati: 21 g
- Grassi: 8 g

Giorno 14

Colazione: Frullato di mirtilli

Frullato per aumentare I muscoli

Cominciamo la giornata con un grande ricetta che manterrà elevati i livelli di energia, e fornirà l'apporto di proteine necessario in modo da poter aumentare i muscoli in un periodo di tempo più breve. I mirtilli sono noti per essere grandi antiossidanti e aiutano a prevenire il cancro.

Preparazione:

Mescola tutti gli ingredienti insieme in una centrifuga o frullatore ad alta velocità e poi gusta un delizioso frullato.

Ingredienti:

- 10 oz di Acqua pura
- 1/2 tazza di mirtilli freschi o surgelati
- 1.5 misurino di proteine del siero del latte in polvere
- 2 cucchiaino di olio di semi di lino

Componenti Nutritivi:

- Calorie: 210 g
- Proteine: 39g

- Carboidrati: 22 g
- Grassi: 4 g

Giorno 15

Colazione: Frullato di fragole

Frullato per aumentare I muscoli

Non c'è miglior modo per ottenere risultati veloci quando si cerca di aumentare la crescita muscolare, che bere frullati e questa ricetta sarà molto gustosa grazie alla combinazione di fragole e Fiocchi di latte.

Preparazione:

Mescola tutti gli ingredienti insieme in una centrifuga o frullatore ad alta velocità e poi gusta un delizioso frullato.

Ingredienti:

- 10 oz di acqua pura
- 8 fragole congelate
- 4 cucchiaino di fiocchi di latte con pochi grassi
- 1.5 misurino di proteine del siero del latte in polvere

Componenti Nutritivi:

- Calorie: 310 g
- Proteine: 51g
- Carboidrati: 27g

- Grassi: 7 g

Giorno 16

Colazione: Frullato magro alla banana

Frullato per aumentare i muscoli

Mescola I seguenti ingredienti per avere un frullato con alto contenuto di omega 3 e molto potassio per stimolare la crescita muscolare e anche mantenerti in salute.

Preparazione:

Mescola tutti gli ingredienti insieme in una centrifuga o frullatore ad alta velocità e poi gusta un delizioso frullato.

Ingredienti:

- 8 oz di acqua pura
- 1/2 banana (congelata)
- 2 misurini di proteine del siero del latte in polvere
- 2 cucchiaino di olio di semi di lino

Componenti Nutritivi:

- Calorie: 350 g
- Proteine: 65g
- Carboidrati: 29g
- Grassi: 9 g

Giorno 17

Colazione: Frullato all'ananas

Frullato per aumentare i muscoli

Provate questa stupefacente ricetta che è ben nota per risultati rapidi e gusto delizioso. E' perfetta per aiutarti ad aumentare la tua potenza guadagno muscolare, ed avrà un forte effetto sul sistema immunitario.

Preparazione:

Mescola tutti gli ingredienti insieme in una centrifuga o frullatore ad alta velocità e poi gusta un delizioso frullato.

Ingredienti:

- 1 tazza di of succo di ananas
- 3 fragole
- 1 banana
- 1 cucchiaino di yogurt
- 1 misurino di proteine del siero del latte in polvere

Componenti Nutritivi:

- Calorie: 340 g
- Proteine: 63g

- Carboidrati: 27g
- Grassi: 10 g

Giorno 18

Colazione: Frullato per i muscoli

Frullato per aumentare i muscoli

Hai problemi ad aumentare la muscolatura? Se la risposta è sì, dovresti provare questa ricetta che ti porterà risultati immediati nella tua formazione e molta energia per tutta la giornata.

Preparazione:

Mescola tutti gli ingredienti insieme in una centrifuga o frullatore ad alta velocità e poi gusta un delizioso frullato.

Ingredienti:

- 1 c. latte con pochi grassi
- 1/2 c. yogurt bianco con pochi grassi
- 1 banana, a fette
- 2 cucchiai di Proteine del siero del latte in polvere
- 6 fragole, a fette
- 1 cucchiaino di wheat germ
- 1 cucchiai di miele o succo d'acero
- 1/4 tazza di qualsiasi bacca congelata

  Un pizzico di noce moscata o polvere di carruba

Componenti Nutritivi:

- Calorie: 600
- Proteine: 70g
- Carboidrati: 54g
- Grassi: 15 g

Giorno 19

Colazione: Frullato con Farina d'avena

Frullato per aumentare i muscoli

Questa è una grande ricetta per aumentare la massa muscolare e proteggere il tuo cuore. Essa ti aiuterà a rimanere vigile durante l'intera giornata, forza bevila!

Preparazione:

Mescola tutti gli ingredienti insieme in una centrifuga o frullatore ad alta velocità e poi gusta un delizioso frullato.

Ingredienti:

- 2 misurini di proteine del siero del latte in polvere
- 1 tazza di gelato alla vaniglia senza zucchero
- 1 tazza di farina d'avena
- 2 tazze di latte senza grassi
- 1.2 tazza di acqua
- Una spruzzata di estratto di menta piperita!

Componenti Nutritivi:

- Calorie: 621
- Proteine: 65g

- Carboidrati: 58g

- Grassi: 22 g

Giorno 20

Lunch: Frullato tropicale

Frullato per aumentare i muscoli

Questo è uno dei più deliziosi frullati che abbia mai assaggiato e sono sicuro che ti piacerà. Il mix tra banana, ananas, e cocco conferisce un sapore tropicale che dovrebbe andare bene la mattina o metà mattina. Le banane non devono essere congelate, possono essere a temperatura ambiente ma alcune persone preferiscono che siano fredde se hanno appena finito di allenarsi.

Preparazione:

Mescola tutti gli ingredienti insieme in una centrifuga o frullatore ad alta velocità e poi gusta un delizioso frullato.

Ingredienti:

- 8 oz di acqua pura
- 1/2 cucchiaino di estratto di ananas
- 1/2 cucchiaino di estratto di cocco
- 1 cucchiaio di fiocchi di latte
- 1/2 Banana ghiacciata

Componenti Nutritivi:

- Calorie: 540
- Proteine: 25g
- Carboidrati: 43g
- Grassi: 17g

Giorno 21

Pranzo: Frullato di frutta

Frullato per aumentare i muscoli

Le proteine sono la chiave per la crescita muscolare ed il recupero. Assicurati di provare questo frullato in qualsiasi momento del giorno. Questo frullato di bacche ha molte qualità antiossidanti che andranno a beneficio dell'invecchiamento e ti impediscono di ammalarti frequentemente e può essere molto importante quando non ti può permettere di prendere varie settimane di pause dal lavoro.

Preparazione:

Mescola tutti gli ingredienti insieme in una centrifuga o frullatore ad alta velocità e poi gusta un delizioso frullato.

Ingredienti:

- 2 misurini di proteine del latte in polvere
- 4 grandi fragole
- Mirtilli (una piccola manciata)
- acqua (appena qualche goccia)
- 3 uova

Componenti Nutritivi:

- Calorie: 470
- Proteine: 45g
- Carboidrati: 39g
- Grassi: 15g

Giorno 22

Colazione: Frullato di delizia alle mele

Frullato per incrementare la massa muscolare

Gli atleti che consumano più proteine aumenteranno più massa muscolare rispetto alle persone sedentarie e per massimizzare il potenziale di crescita dovrai fare in modo di aggiungere questo frullato subito prima o subito dopo una sessione di allenamento. Il mix di sapori di mela, cannella, noce moscata regalano un sapore originale che normalmente non si trova in altri frullati.

Preparazione:

Mescola tutti gli ingredienti insieme in una centrifuga o frullatore ad alta velocità e poi gusta un delizioso frullato.

Ingredienti:

- 1 misurino di proteine del siero del latte in polvere
- 1 mela pelata e senza torsolo, tagliata a pezzi
- 1 1/2 tazze di latte
- 1/2 cucchiaino di cannella
- 1/2 cucchiaino di noce moscata
- 5 Cubetti di ghiaccio

Componenti Nutritivi:

- Calorie: 350
- Proteine: 35g
- Carboidrati: 21g
- Grassi: 10g

Giorno 23

Colazione: Frullato di zucca

Frullato con pochi carboidrati

Ecco un frullato per te essendo una grande fonte di proteine che ti fornisce un alto livello di energia durante la giornata. L'olio di lino e lo yogurt apportano diversi ingredienti per tutte le funzioni del tuo organismo e contribuisce a darti una fonte di calcio ed omega 3.

Preparazione:

Mescola tutti gli ingredienti insieme in una centrifuga o frullatore ad alta velocità e poi gusta un delizioso frullato.

Ingredienti:

- 2 Misurini di proteine del latte in polvere
- 8 oz di acqua
- 1 cucchiai di olio di lino
- 1 cucchiaino di torta di zucca
- 8 oz di Yogurt
- 4-6 cubetti di ghiaccio

Componenti Nutritivi:

- Calorie: 300

- Proteine: 40g

- Carboidrati: 26g

- Grassi: 11g

Giorno 24

Colazione: Frullato alla Cannella

Frullato per incrementare la massa muscolare

Questo frullato deve essere consumato al mattino presto prima di una sessione di allenamento, perché è un buon fornitore di energia e contribuisce ad accelerare il recupero muscolare.

Preparazione:

Mescola tutti gli ingredienti insieme in una centrifuga o frullatore ad alta velocità e poi gusta un delizioso frullato.

Ingredienti:

- 1 cracker di Graham
- 1/2 cucchiaino di cannella
- estratto di vaniglia
- 12oz di acqua
- 4 Cubetti di ghiaccio

Componenti Nutritivi:

- Calorie: 280
- Proteine: 10g
- Carboidrati: 15g

- Grassi: 5g

Giorno 25

Colazione: Frullato di Burro di arachidi e Banana

Frullato per incrementare la massa muscolare

Il Burro di Arachidi è una grande fonte di proteine e di energia. Molti atleti usano il burro di arachidi come fonte principale di energia prima dell'allenamento o prima di una competizione. Il contenuto di banana e mandorla migliora il sapore e rendono il frullato ancora più digestivo.

Preparazione:

Mescola tutti gli ingredienti insieme in una centrifuga o frullatore ad alta velocità e poi gusta un delizioso frullato.

Ingredienti:

- 2 misurini di proteine del siero del latte in polvere
- 100g mandorle a pezzi
- 1 cucchiai di burro di arachidi
- 500ml di latte scremato
- mezza banana
- 1 cucchiaio di miele

Componenti Nutritivi:

- Calorie: 600
- Proteine: 55g
- Carboidrati: 35g
- Grassi: 10g

Giorno 26

Colazione: Frullato Super Mix

Frullato per incrementare la massa muscolare

A seconda del metabolismo, alcuni frullati funzionano meglio di altri. Per chi preferisce un gusto dolce, questa sarà un'ottima ricetta. E' possibile riadattare alcuni ingredienti e modificare il sapore in base ai propri gusti, come il caramello, le nocciole o yogurt alla vaniglia.

Preparazione:

Mescola tutti gli ingredienti insieme in una centrifuga o frullatore ad alta velocità e poi gusta un delizioso frullato.

Ingredienti:

- 10 Cubetti di ghiaccio
- 12 oz di latte senza grassi
- 2 cucchiai di yogurt alla vaniglia senza grassi o Kefir
- 1 cucchiai di burro di arachidi con pochi grassi
- 2 cucchiai di nocciole
- 1 cucchiaio di gelato al caramello per decorazione

Componenti Nutritivi:

- Calorie: 430
- Proteine: 23g
- Carboidrati: 20g
- Grassi: 11g

Giorno 27

Colazione: Frullato alla banana per la massa magra

Frullato per incrementare la massa muscolare

Le persone che si attengono ad una dieta mirata all'incremento muscolare giornaliero possono avere maggiori benefici se aggiungono i frullati che stimolano i muscoli grazie alla loro facilità di preparazione e grazie a quanto velocemente il corpo riesce ad assorbire le proteine ed i nutrienti.

Preparazione:

Mescola tutti gli ingredienti insieme in una centrifuga o frullatore ad alta velocità e poi gusta un delizioso frullato.

Ingredienti:

- 1/2 Banana ghiacciata
- 2 cucchiai di panna da montare (panna, non crema in barattolo)
- 2 uova
- 10-12 oz di acqua
- 4-6 cubetti di ghiaccio

Componenti Nutritivi:

- Calorie: 320

- Proteine: 18g

- Carboidrati: 15g

- Grassi: 9g

Giorno 28

Pranzo: Frullato dolce ed energetico

Frullato per incrementare la massa muscolare

Questo è un grande esempio di frullato con ingredienti molto diversi, ma così combinati sono una grande fonte di proteine e aumenteranno le prestazioni palestra.

Preparazione:

Mescola tutti gli ingredienti insieme in una centrifuga o frullatore ad alta velocità e poi gusta un delizioso frullato.

Ingredienti:

- 1 banana media o grande
- 8 oz di Latte magro
- 1 cucchiai di Miscela di semi di lino e di mandorle
- 1 cucchiaino di succo d'acero
- Poche gocce di essenza di vaniglia / estratto
- 3-4 cubetti di ghiaccio
- 1 cucchiai di yogurt naturale con pochi grassi

Componenti Nutritivi:

- Calorie: 450

- Proteine: 19g
- Carboidrati: 16g
- Grassi: 10g

Giorno 29

Colazione: Frullato all'arancia

Frullato per incrementare la massa muscolare

Cominciamo la giornata con un frullato impressionante per aumentare il nostro sistema immunitario e aiutarci ad aumentare i muscoli. Questa ricetta è ad alto contenuto di vitamina C e potassio grazie al succo d'arancia e fragole che consentirà ai muscoli di recuperare più velocemente.

Preparazione:

Mescola tutti gli ingredienti insieme in una centrifuga o frullatore ad alta velocità e poi gusta un delizioso frullato.

Ingredienti:

- 8 oz di Orange Juice
- 4-5 cubetti di ghiaccio
- 1 cucchiaino di Estratto di vaniglia
- ½ banana
- 2-3 fragole congelate
- 2 cucchiaino di honey

Componenti Nutritivi:

- Calorie: 291
- Proteine: 15g
- Carboidrati: 12g
- Grassi: 5g

Giorno 30

Colazione: Frullato energico alle mandorle

Frullato per incrementare la massa muscolare

Potrai avere una migliore digestione dopo questo frullato con questa combinazione di farina d'avena, uva passa, mandorle, burro di arachidi. L'uvetta conferisce un sapore particolare e la farina d'avena dà una consistenza diversa rispetto ad altri frullati.

Preparazione:

Mescola tutti gli ingredienti insieme in una centrifuga o frullatore ad alta velocità e poi gusta un delizioso frullato.

Ingredienti:

- 10-12 oz di latte scremato
- 1.2 tazza di farina d'avena
- 1.2 tazza di uva passa
- 12 mandorle tagliuzzate
- 1 cucchiai di burro di arachidi.

Componenti Nutritivi:

- Calorie: 380
- Proteine: 18g

- Carboidrati: 15g
- Grassi: 12g

Giorno 31

Colazione: Frullato di bacche selvatiche

Frullato per incrementare la massa muscolare

I lamponi sono noti per essere grandi fornitori di vitamina C e antiossidanti e molti medici li suggeriscono come un integratore anti-cancro da assumere ogni giorno tra alimenti e pasti. E' la miscela perfetta per coloro che vogliono aumentare la massa muscolare e la forza. È possibile sostituire uno spuntino ordinario con questa bevanda sana che non è molto carica in Proteine, ma ti aiuterà a prenderti una pausa da tutti gli altri frullati proteici utilizzati su base giornaliera.

Preparazione:

Mescola tutti gli ingredienti insieme in una centrifuga o frullatore ad alta velocità e poi gusta un delizioso frullato.

Ingredienti:

- 8 lamponi
- 4 fragole
- 15 mirtilli
- 16 once di latte senza grassi
- 1/2 tazza di cubetti di ghiaccio

Componenti Nutritivi:

- Calorie: 210
- Proteine: 9g
- Carboidrati: 10g
- Grassi: 8g

Giorno 32

Colazione: Frullato Banana ed arachidi

Frullato per incrementare la massa muscolare

In termini di nutrizione questo frullato apporta moltissime proteine magre e carboidrati complessi, quindi aumenterà la crescita muscolare ed il recupero. Esso ti darà anche un impulso di energia per il tuo allenamento, se lo bevi mezz'ora prima.

Preparazione:

Mescola tutti gli ingredienti insieme in una centrifuga o frullatore ad alta velocità e poi gusta un delizioso frullato.

Ingredienti:

- ½ tazza di arachidi
- 1/2 Banana
- 1 Tazza di Di latte scremato
- 1/4 Tazza di Fiocchi d'avena Quaker
- 2 Cubetti di ghiaccio
- Un pizzico di sale

Componenti Nutritivi:

- Calorie: 230

- Proteine: 18g

- Carboidrati: 12g

- Grassi: 5g

Giorno 33

Colazione: Frullato carote e ananas

Frullato per incrementare la massa muscolare

Questo frullato potrebbe sembrare un po' strano per voi ragazzi, ma credetemi è una buona ricetta per voi e il vostro corpo. È possibile rimuovere o diminuire le porzioni per alcuni degli ingredienti a seconda delle preferenze in quanto questo mix è molto diverso da tutti gli altri.

Preparazione:

Mescola tutti gli ingredienti insieme in una centrifuga o frullatore ad alta velocità e poi gusta un delizioso frullato.

Ingredienti:

- 1 tazza di latte al cioccolato
- 3/4 c carote tagliuzzate
- 10 pezzi di ananas congelati
- 2 cucchiaino di cocco grattugiato al naturale
- 1 cucchiaino di vanilla
- 1 cucchiaino di crema dolce
- 4 oz di crema di formaggio o formaggio Neufchatel

Componenti Nutritivi:

- Calorie: 220
- Proteine: 21g
- Carboidrati: 13g
- Grassi: 13g

Giorno 34

Lunch: Frullato di zucca

Frullato per incrementare la massa muscolare

Ottimo frullato che ti farà guadagnare un incremento della massa muscolare, con un gusto molto particolare che lo rende interessante da bere, pur consumando una discreta quantità di proteine. E' il complemento perfetto per il recupero e l'incremento muscolare.

Preparazione:

Mescola tutti gli ingredienti insieme in una centrifuga o frullatore ad alta velocità e poi gusta un delizioso frullato.

Ingredienti:

- 3/4 c. latte (qualsiasi tipo)
- 1/4 c. zucca in scatola
- 1 cucchiai di Torta di zucca sciroppata aromatizzata
- 1/2 cucchiaino di torta speziata alla zucca
- 10 cubetti di ghiaccio

Componenti Nutritivi:

- Calorie: 235

- Proteine: 20g
- Carboidrati: 17g
- Grassi: 1.5g

Giorno 35

Colazione: Frullato Mela e Mirtilli

Frullato per una carica energetica

Mantenere un alto livello di energia è l'obiettivo di questo frullato. Ti fornirà tutte le proteine di cui hai bisogno se ti senti un po' stanco durante le giornate nelle quali hai affrontato un duro allenamento.

Preparazione:

Mescola tutti gli ingredienti insieme in una centrifuga o frullatore ad alta velocità e poi gusta un delizioso frullato.

Ingredienti:

- 1/2 piccola mela tagliata in piccoli pezzi (con la buccia)
- 1/2 tazza di ciliegie (scure, dolce, snocciolate)
- 1/2 tazza di mirtilli
- 4 cucchiai di germe di grano
- cubetti di ghiaccio (se li desideri)
- 1/2 tazza di proteine del siero del latte

Componenti Nutritivi:

- Calorie: 300
- Proteine: 39g

- Carboidrati: 18g

- Grassi: 5g

Giorno 36

Colazione: Ciliegia Banana

Frullato per una carica energetica

Due grandi ingredienti saporiti in un frullato. Ciliegie e banane di garantiscono un corretto apporto di fibre di cui il tuo corpo necessita quando si assumono grandi quantità di proteine. Prova questa bibita prima di una sessione di allenamento serale o diurno.

Preparazione:

Mescola tutti gli ingredienti insieme in una centrifuga o frullatore ad alta velocità e poi gusta un delizioso frullato.

Ingredienti:

- 1/2 tazza di ciliegie (nere, dolci, snocciolate)
- 1/2 tazza di Banana
- 4 cucchiai di germe di grano
- cubetti di ghiaccio (se li desideri)
- 1/2 tazza di proteine del siero del latte

Componenti Nutritivi:

- Calorie:300
- Proteine: 39g

- Carboidrati: 18g

- Grassi: 5g

Giorno 37

Colazione: Frullato Uovo Mania

Frullato per incrementare la massa muscolare

Puoi utilizzare un frullato per incrementare la massa muscolare senza proteine in polvere garantendoti comunque l'assunzione di una buona quantità di proteine. I ceci conferiscono un colore verde, ma in realtà non cambiano il sapore. Questa è una grande combinazione di proteine e carboidrati.

Preparazione:

Mescola tutti gli ingredienti insieme in una centrifuga o frullatore ad alta velocità e poi gusta un delizioso frullato.

Ingredienti:

- 4 albumi
- 1/2 tazza di fiocchi di latte
- 1 banana
- 1/4 tazza di ceci
- Ananas a fette
- Latte di cocco
- puoi aggiungere Estratto di cocco
- cubetti di ghiaccio

Componenti Nutritivi:

- Calorie:280
- Proteine: 25g
- Carboidrati: 40g
- Grassi: 4g

Giorno 38

Colazione: Frullato con tante proteine

Frullato per incrementare la massa muscolare

Aumenta le prestazioni in palestra introducendo maggiori quantità di proteine su base quotidiana. Questo frullato apporta molte proteine e tanto gusto.

Preparazione:

Mescola tutti gli ingredienti insieme in una centrifuga o frullatore ad alta velocità e poi gusta un delizioso frullato.

Ingredienti:

- 1/2 c acqua
- 1 misurino di proteine del siero del latte in polvere
- 2 cucchiai di miele
- 1 cucchiai di Burro di arachidi in crema
- 1/2 tazza di ghiaccio

Componenti Nutritivi:

- Calorie:114
- Proteine: 34g
- Carboidrati: 5.2g

- Grassi: 4.5g

Giorno 39

Colazione: Frullato con mix di frutta

Frullato per incrementare la massa muscolare

Questa ricetta può facilmente sostituire la normale colazione apportando una parte sana di cibo per nutrire il tuo corpo. Ha un sacco di sostanze nutritive delle quali il tuo corpo ha bisogno per iniziare bene la mattina. Proteine e carboidrati sono inclusi in questa ricetta per darti molta energia e forza durante l'allenamento.

Preparazione:

Mescola tutti gli ingredienti insieme in una centrifuga o frullatore ad alta velocità e poi gusta un delizioso frullato.

Ingredienti:

- 1/2 banana tritata
- 1/2 tazza di fragole tritate
- 1 piccola mela
- 1 piccola prugna
- 1 tazza di cioccolato al latte
- 1 cucchiai di burro di arachidi in crema
- 1 misurino di proteine del siero del latte in polvere

Componenti Nutritivi:

- Calorie: 700
- Proteine: 46g
- Carboidrati: 90g
- Grassi: 20g

Giorno 40

Colazione: Frullato al cioccolato

Frullato per incrementare la massa muscolare

Un ottimo modo di combinare il cioccolato fondente con gli ingredienti corretti per ottenere un frullato che aiuterà ad incrementare la tua prestanza in palestra e nella definizione del muscolo.

Preparazione:

Mescola tutti gli ingredienti insieme in una centrifuga o frullatore ad alta velocità e poi gusta un delizioso frullato.

Ingredienti:

- 1 pezzo di cioccolato fondente
- 4 uova
- 3 tazze di latte
- 1 misurino di proteine del siero del latte in polvere

Componenti Nutritivi:

- Calorie: 290
- Proteine: 45g
- Carboidrati: 37g
- Grassi: 19g

Giorno 41

Colazione: Frullato tutti I sapori

Frullato per incrementare la massa muscolare

Questo frullato è una fonte eccellente di Proteine e fibre di cui il corpo ha bisogno. E 'pieno di sostanze nutritive e vitamine che ti permetterà di sviluppare muscoli più grandi ed avere più energia nella costruzione dei tuoi muscoli.

Preparazione:

Mescola tutti gli ingredienti insieme in una centrifuga o frullatore ad alta velocità e poi gusta un delizioso frullato.

Ingredienti:

- Uva, 4 grappoli, senza semi
- More, fresche, 0,5 grammi
- Mirtilli, fresche, 25 bacche
- Fragole, fresche, 0,5 grammi
- Ananas, fresca, 1 fetta, sottile (3-1 / 2 "di diametro x 1/2" di spessore
- Mele, fresche, 10 grammi
- Yogurt con pochi grassi, 0,5 container (4 oz di)
- Cavolo riccio, 0,5 grammi

- Broccoli, freschi, 1 gambo
- Arance, 0,5 grammi
- 1 misurino di proteine del siero del latte in polvere

Componenti Nutritivi:

- Calorie: 280
- Proteine: 48g
- Carboidrati: 31g
- Grassi: 4.2g

Giorno 42

Colazione: Frullato svegliati adesso

Frullato per incrementare la massa muscolare

Ecco come si dovrebbe iniziare la giornata, energia sarà la parola per definire questo frullato, ma non pensare che non sia anche utile a sviluppare la massa, perché sbaglieresti.

Preparazione:

Mescola tutti gli ingredienti insieme in una centrifuga o frullatore ad alta velocità e poi gusta un delizioso frullato.

Ingredienti:

- 1 banana media fresca
- 2 porzioni (60 gr) di fiocchi d'avena
- 1-2 cucchiai di burro di arachidi, in crema
- 1 tazza di (250 ml) yogurt, bianco con pochi grassi (0% - 1.5% mf)
- 0.5 cucchiai di (o meno) cannella, macinata

Componenti Nutritivi:

- Calorie:650
- Proteine: 28g

- Carboidrati: 85g
- Grassi: 10g

Giorno 43

Pranzo: Frullato Mango Tango

Frullato per incrementare la massa muscolare

Questo è un ottimo frullato che è possibile aggiungere ad altre giornate in modo da poter prendere due frullati al giorno con tante fibre e pochi grassi. Questo frullato magro ti aiuterà a combattere la stanchezza in palestra e migliorerà le prestazioni.

Preparazione:

Mescola tutti gli ingredienti insieme in una centrifuga o frullatore ad alta velocità e poi gusta un delizioso frullato.

Ingredienti:

- 2 fragole grandi, fresche o congelate
- 10 mirtilli, freschi o congelati
- 1 tazza di succo d'arancia
- 1/2 mango, fresco o congelato
- 1 misurino di proteine del siero del latte in polvere

Componenti Nutritivi:

- Calorie:250
- Proteine: 30.5g

- Carboidrati: 52g
- Grassi: 8.4g

Giorno 44

Colazione: Frullato Tangerine e ananas

Frullato per incrementare la massa muscolare

Per migliorare la muscolatura, non ci sono segreti; devi lavorare sodo e mangiare correttamente! To gain muscle, there is no secret; you have to train and eat right! Arrancherai con poca energia durante l'allenamento ed è per questo che aggiungendo gli ingredienti giusti avrai la spinta necessaria che fa la differenza quando si cerca di costruire dei muscoli più forti.

Preparazione:

Mescola tutti gli ingredienti insieme in una centrifuga o frullatore ad alta velocità e poi gusta un delizioso frullato.

Ingredienti:

- 1/2 tazza di ananas, congelato a pezzi
- 1/2 tazza di Tangerini, (arance, mandarini), in scatola
- 2 cucchiaini di miele
- 1 misurino di proteine del siero del latte in polvere

Componenti Nutritivi:

- Calorie:150
- Proteine: 39g

- Carboidrati: 17g

- Grassi: 11g

Giorno 45

Colazione: Burro di arachidi Mela Frullato

Frullato per incrementare la massa muscolare

I frullati dovrebbero essere una grande risorsa di calorie ed energia che sono necessarie allo sviluppo della massa muscolare. Questo delizioso frullato viene creato per aumentare i tuoi muscoli e mantenere allo stesso tempo un alto livello di energia.

Preparazione:

Mescola tutti gli ingredienti insieme in una centrifuga o frullatore ad alta velocità e poi gusta un delizioso frullato.

Ingredienti:

- 3/4 Tazza di yogurt bianco o alla vaniglia
- 2 cucchiai di Burro di arachidi
- 1 Banana
- 1/8 Tazza di latte
- 3/4 Tazza di ghiaccio
- 1 mela

Componenti Nutritivi:

- Calorie:440

- Proteine: 22g
- Carboidrati: 50g
- Grassi: 19g

Giorno 46

Colazione: Super Frullato alla banana

Frullato per incrementare la massa muscolare

La vaniglia la mandorla il latte renderanno questo un grande frullato proteico. Promuoverà la crescita della massa muscolare senza squilibrare la tua dieta. È possibile ridurre o eliminare la cannella a piacimento.

Preparazione:

Mescola tutti gli ingredienti insieme in una centrifuga o frullatore ad alta velocità e poi gusta un delizioso frullato.

Ingredienti:

- 1/2 tazza di latte di mandorla alla vaniglia
- 1/2 tazza di acqua
- 1/2 banana
- Spruzzata di cannella
- 1 misurino di proteine in polvere alla vaniglia

Componenti Nutritivi:

- Calorie:350
- Proteine: 43g

- Carboidrati: 25g
- Grassi: 5g

Giorno 47

Colazione: Frullato energetico di avena scura

Frullato per incrementare la massa muscolare

La combinazione di cioccolato fondente, fiocchi di latte e farina d'avena aumenterà il tuo sviluppo muscolare, e ti farà ottenere la carica di energia che stavi cercando in palestra, mentre migliorerà la digestione e rafforzerà il tuo cuore.

Preparazione:

Mescola tutti gli ingredienti insieme in una centrifuga o frullatore ad alta velocità e poi gusta un delizioso frullato.

Ingredienti:

- 1/2 tazza di of Fiocchi di latte (or 1 tazza di yogurt greco)
- 1/2 - 1 tazza di acqua (a seconda dello spessore desiderato) o latte
- 10g cioccolato fondente
- ½ tazza di farina d'avena
- 1/2 banana
- 1 misurino di proteine del siero del latte in polvere

Componenti Nutritivi:

- Calorie:150
- Proteine: 40g
- Carboidrati: 20g
- Grassi: 8g

Giorno 48

Colazione: Frullato di proteine del latte

Frullato per incrementare la massa muscolare

Per costruire e mantenere la massa muscolare è necessario aumentare i carboidrati e le proteine in modo da avere l'energia per lavorare sodo e gli ingredienti giusti per permettere ai muscoli di svilupparsi pienamente.

Preparazione:

Mescola tutti gli ingredienti insieme in una centrifuga o frullatore ad alta velocità e poi gusta un delizioso frullato.

Ingredienti:

- 1 misurino di proteine del latte in polvere
- 1/2 banana
- 1/2 tazza di mandorle a fettine
- 8 oz latte
- 3 cubetti di ghiaccio

Componenti Nutritivi:

- Calorie:335
- Proteine: 31g

- Carboidrati: 25g
- Grassi: 18g

Giorno 49

Colazione: Frullato di Avocado

Frullato per incrementare la massa muscolare

I frullati di proteine con verdure sono rari, ma dovrebbero essere utilizzati maggiormente per il valore che portano alla tua dieta e al tuo corpo. L'avocado è considerato da alcuni come un "super nutriente" ed è ottimo per il tuo corpo.

Preparazione:

Mescola tutti gli ingredienti insieme in una centrifuga o frullatore ad alta velocità e poi gusta un delizioso frullato.

Ingredienti:

- 1/2 avocado
- 1 cucchiaio di cocco grattugiato
- 1 tazza di latte di mandorla
- 1 misurino di proteine del siero del latte in polvere

Componenti Nutritivi:

- Calorie: 300
- Proteine: 35g
- Carboidrati: 20g
- Grassi: 8g

Giorno 50

Colazione: Frullato

Frullato per incrementare la massa muscolare

Una combinazione completa di baccche e proteine per migliorare la crescita muscolare e i recupero tutto in un frullato. Il gusto è magnifico ed i risultati sono ancora migliori quando è necessario allenarsi duramente e si vogliono vedere i risultati.

Preparazione:

Mescola tutti gli ingredienti insieme in una centrifuga o frullatore ad alta velocità e poi gusta un delizioso frullato.

Ingredienti:

- ½ tazza di fragole
- ¼ tazza di frutti di bosco (lamponi, mirtilli e more)
- ¼ tazza di succo di melograno biologico
- ¼ tazza di succo d'uva biologico
- Una manciata di mandorle a pezzetti per guarnire
- 1 misurino di proteine del siero del latte in polvere

Componenti Nutritivi:

- Calorie:200

- Proteine: 31g
- Carboidrati: 19g
- Grassi: 1g

CALENDARIO PER LA RIDUZIONE DEL PESO

Settimana 1

Giorno 1:

Yogurt alla frutta e nocciole

Minestra all'uovo con pollo e tagliatelle

Riso pilaf ai funghi e limone

Giorno 2:

Colazione di uova e verdure al forno

Tacchino fritto

Melanzane stufate

Giorno 3:

Colazione Guacamole

Salmone al barbecue con strofinatura di limone

Insalata di Arance, Noci e Formaggio Blu

Giorno 4:

Frappè Fitness

Insalata di Mais e Pollo

Verdure rosse al curry

Giorno 5:

Frittelle di Banana e farina d'avena

Trota piccante

Zucchine stufate

Giorno 6:

Toast di tonno

Manzo all'aglio

Macedonia

Giorno 7:

Insalata con Omelette di pancetta e brie

Zuppa di riso e pomodoro

Insalata di Trota Affumicata con barbabietole, finocchio e mele

Settimana 2

Giorno 1:

Frappè ai frutti di bosco

Spaghetti al limone con broccoli e tonno

Funghi alla Diavola

Giorno 2:

Tacchino e cipollotti al cartoccio

Pollo ai funghi

Insalata con riso messicano e fagioli

Giorno 3:

Uova in camicia con salmone affumicato e spinaci

Fagioli al peperoncino

Brodo di verdure thai e latte di cocco

Giorno 4:

Crema di ceci con pane tipo Pita e verdure

Pesce grigliato con pomodoro e spezie marocchine

Zuppa di lenticchie, carote e arancia

Giorno 5:

Farina d'avena con mele e uvetta

Stufato di pesce piccante

Ceci e spinaci al curry

Giorno 6:

Omelette alla feta e pomodori secchi

Pollo farcito con spinaci e datteri

Carote arrosto con melograno e formaggio blu

Giorno 7:

Yogurt alla frutta e nocciole

Gamberi al curry

Insalata con riso messicano e fagioli

Settimana 3

Giorno 1:

Insalata con Omelette di pancetta e brie

Fagioli al peperoncino

Trota piccante

Giorno 2:

Frappè Fitness

Manzo all'aglio

Melanzane stufate

Giorno 3:

Colazione Guacamole

Tacchino fritto

Macedonia

Giorno 4:

Colazione di uova e verdure al forno

Salmone al barbecue con limone strofinato

Verdure rosse al curry

Giorno 5:

Frittelle di Banana e farina d'avena

Minestra all'uovo con pollo e tagliatelle

Insalata di Trota Affumicata con barbabietole, finocchio e mele

Giorno 6:

Toast di tonno

Zuppa di riso e pomodoro

Zucchine stufate

Giorno 7:

Frappè ai frutti di bosco

Insalata di Mais e Pollo

Ripieno di arance, noci e formaggio blu

Settimana 4

Giorno 1:

Farina d'avena con mele e uvetta

Spaghetti al limone con broccoli e tonno

Zuppa di lenticchie, carote e arancia

Giorno 2:

Uova in camicia con salmone affumicato e spinaci

Pollo ai funghi

Ceci e spinaci al curry

Giorno 3:

Tacchino e cipollotti al cartoccio

Stufato di pesce piccante

Carote arrosto con melograno e formaggio blu

Giorno 4:

Omelette alla feta e pomodori secchi

Fagioli al peperoncino

Macedonia

Giorno 5:

Crema di ceci con pane tipo Pita e verdure

Gamberi al curry

Insalata con riso messicano e fagioli

Giorno 6:

Yogurt alla frutta e nocciole

Pollo farcito con spinaci e datteri

Brodo di verdure thai e cocco

Giorno 7:

Colazione Guacamole

Trota piccante

Melanzane stufate

2 giorni extra per completare il mese:

Giorno 1:

Frappè Fitness

Insalata di Mais e Pollo

Insalata di arance, noci e formaggio blu

Giorno 2:

Toast di tonno

Tacchino fritto

Verdure rosse al curry

RICETTE DI PIATTI PER LA PERDITA DI PESO

COLAZIONE

1. Omelette alla feta e pomodori secchi

Un piatto molto veloce, semplice, a basso contenuto calorico che darà alla tua giornata il calcio di inizio che merita. Per un pizzico di sapore, utilizzare pomodori che sono stati conservati in una miscela di olio di oliva ed erbe italiane.

Ingredienti (1 porzione):

2 uova, leggermente sbattute

25g formaggio feta, sbriciolato

4 pomodori semi-secchi, tritati grossolanamente

1 cucchiaino di olio d'oliva

foglie di insalata mista, a Porzione

Tempo di preparazione: 5 min

Tempo di cottura: 5 min

Preparazione:

Scalda l'olio in una padellina antiaderente, aggiungici le uova e cuocile, mescolandole con un cucchiaio di legno. Quando le uova saranno abbastanza sode nel centro, aggiungi i pomodori e la feta, e chiudi l'omelette a metà. Cuoci per 1 minuto, dividi in due piatti e servi con una mistura di insalata.

Valori nutritivi per porzione: 300kcal, 18g proteine, 20g grassi (7 saturi), 5g carboidrati (1g fibre, 4g zucchero), 1.8g sale, 15% calcio, 22% vitamina D, 20% vitamina A, 15% vitamina C, 25% vitamina B12.

2. Farina d'avena con mele e uvetta

Una caldo, saziante, colazione ricca di calcio che è facile da digerire e perfetta come un pasto pre-allenamento, grazie al suo alto contenuto di carboidrati. Cospargi con cannella per una dolce, fragranza legnosa.

Ingredienti (2 porzioni):

50g avena

250ml latte magro

2 mele, pelate a fette

50g uvetta

½ cucchiaio miele

Tempo di preparazione: 5min

Tempo di cottura: 10 min

Preparazione:

Porta il latte ad ebollizione in una casseruola a fuoco medio e mescola con l'avena per 3 minuti. Quando la miscela diventa cremosa, aggiungi le mele e l'uvetta e fai bollire per un altri 2min. Dividi il mix in 2 ciotole, aggiungi il miele e servi subito.

Valori nutritivi per porzione: 256kcal, 9g proteine, 2g grassi (1g saturi), 47g carboidrati (4g fibre, 34g zucchero), 17% calcio, 11% ferro, 17% magnesio.

3. Crema di ceci con pane tipo Pita e verdure

Si tratta di una colazione semplice e nutriente che è possibile assemblare rapidamente la mattina e portarla a lavoro. La Crema di ceci rimane in frigo e le verdure possono essere farcite nel pane pita, creando un panino facile da afferrare.

Ingredienti (2 porzioni):

1 200 g di ceci in scatola, drenati

1 spicchio d'aglio, schiacciato

25g di tahini

¼ cucchiaino di cumino

succo di limone, spremuto da ¼ di limone

sale, pepe

Acqua 3 Cucchiai

2 pane integrale tipo pita

Mix di verdure 200g (carote, sedano, cetrioli)

Tempo di preparazione: 15 min

Non si cuoce

Preparazione:

Unisci ceci, aglio, tahini, cumino, succo di limone, sale e pepe e l'acqua in un robot da cucina e fai girare le lame più volte fino a quando la miscela diventa cremosa.

Servi con pane pita tostato e mix di verdure.

Valori nutritivi per porzione: 239kcal, 9g proteine, 9g grassi (1g saturi), 28g carboidrati (6g fibre, 4g zucchero), 1,1g sale, 27% ferro, 23% magnesio, 14% vitamina B1.

4. Tacchino e cipollotti al cartoccio

Quale modo migliore per utilizzare gli avanzi di tacchino, che fare una rapida e deliziosa tortilla? Regalati un ossequio che è alto in proteine, basso contenuto di grassi saturi e aromatizzato con il gusto piccante del basilico.

Ingredienti (2 porzioni):

130g di tacchino cotto (bollito o arrosto), triturato

3 cipollotti, triturati

1 pezzo di cetriolo, tagliuzzato

2 foglie di lattuga riccia

1 Cucchiaio maionese light

1 cucchiaio di pesto

2 tortillas di farina di grano

Tempo di preparazione: 5mins

Non si cuoce

Preparazione:

Mescola il pesto e la maionese. Dividi il tacchino, cipollotti, cetrioli e lattuga mettendoli tra le 2 tortillas. Spruzza sopra il condimento di pesto, avvolgi il tutto e servi.

Valori nutritivi per porzione: 267kcal, 24g proteine, 9g grassi (2g saturi), 25g carboidrati (2g fibre, 3g zucchero), 1.6g sale, 34% vitamina B3, 27% vitamina B6.

5. Frappè ai frutti di bosco

Quale modo migliore per avere la metà del valore giornaliero consigliato di calcio che con una crema a base di yogurt? Aggiungici alcune fibre per renderlo ancora più nutrizionale, salvando la metà delle bacche dal frullatore e reinserendole quando il frullato è fatto.

Ingredienti (2 porzioni):

450g frutti di bosco surgelati

450g yogurt con pochi grassi

100ml latte con pochi grassi

25g porridge d'avena

1 cucchiaino miele (opzionale)

Tempo di preparazione: 10 min

Non si cuoce

Preparazione:

Mescola i frutti, lo yogurt ed il latte in un robot da cucina fino a far diventare il tutto molto liscio. Quindi aggiungi e mescola l'avena e versa in 2 bicchieri. Servi con un po' di miele.

Valori nutritivi per porzione: 234kcal, 16g proteine, 2g grassi (2g saturi), 36g carboidrati (14g zucchero), 45% calcio, 11% magnesio, 18% vitamina B2, 21% vitamina B12.

6. Uova in camicia con salmone affumicato e spinaci

Una colazione che riempie, con tante proteine che darà alla tua giornata un inizio soddisfacente. Non avrai problemi a raggiungere il tuo fabbisogno giornaliero di vitamina A e il tuo cuore ti ringrazierà per la quantità abbondante di omega-3, acidi grassi.

Ingredienti (1 porzione):

2 uova

100g spinaci, a pezzi

50g salmone affumicato

1 cucchiaio aceto bianco

Un po' di burro per ungere

1 pezzo di pane di grano, tostato

Tempo di preparazione: 5 min

Tempo di cottura: 20 min

Preparazione:

Scalda una padella antiaderente, aggiungi gli spinaci e mescola per 2 minuti.

Per cucinare le uova, porta una pentola di acqua al punto di ebollizione, aggiungi l'aceto e poi abbassa la fiamma in modo che l'acqua sia bollente. Mescola l'acqua fino ad ottenere un leggero idromassaggio poi rompi le uova una per una. Cuoci ciascun uovo per circa 4 minuti, quindi toglili con un mestolo forato.

Cospargi di burro il pezzo di pane tostato poi metti gli spinaci sopra, il salmone affumicato e le uova. Condisci in base alle esigenze e servi.

Valori nutritivi per porzione: 349kcal, 31g proteine, 19g grassi (6g saturi), 13g carboidrati (4g fibre, 2g zucchero), 3.6g sale, 23% ferro, 23% magnesio, 197% vitamina A, 46% vitamina C, 21% vitamina D, 15% vitamina B6, 18% vitamina B12.

7. Insalata con Omelette di pancetta e brie

Una frittata gustosa per chi preferisce iniziare il giorno con un ripieno sano di uova e proteine. Taglia la frittata a spicchi per un look moderno e gustala con un'insalata al posto del pane per tagliare le calorie.

Ingredienti (2 porzioni):

3 uova, leggermente sbattute

100g lardelli affumicati

50g brie, affettato

un mazzetto di erba cipollina tritata

1 cucchiaio di olio d'oliva

½ cucchiaino di aceto di vino rosso

½ cucchiaino di senape di Digione

½ cetriolo, dimezzato e senza semi

100g di Ravanelli, sbriciolati

Tempo di preparazione: 5 min

Tempo di cottura 15 min

Preparazione:

Scalda 1 cucchiaino in un pentolino, aggiungi i lardelli e friggi fino a cuocerli, poi toglili dalla padella e lasciali scolare su carta da cucina.

Scalda 1 cucchiaino di olio in una padella antiaderente, poi mescola insieme i lardelli, uova e una macinata di pepe. Versa nella padella e cuoci a fuoco basso fino a quando non è quasi pronto, quindi aggiungi il Brie e rosola fino a quando non viene sciolto e dorato.

Mescola il rimanente olio d'oliva, aceto, condimenti e senape in una ciotola e condisci i ravanelli ed i cetrioli. Servi a fianco della frittata.

Valori nutritivi per porzione: 395kcal, 25g proteine, 31g grassi (12g saturi), 3g carboidrati (2g fibre, 3g zucchero), 2.2g sale, 10% vitamina A, 13% vitamina C, 15% vitamina D, 13% vitamina B12.

8. Frappè Fitness

Un frullato vegan senza latticini con succo di melograno che ti aiuterà sul posto di lavoro o per sostenere l'allenamento. È possibile aggiungere un cucchiaio di semi di lino per altri 2 g di fibra a basso costo calorico con di un 37kcal supplementari.

Ingredienti (1 porzione):

125ml latte di soia

150ml succo di melograno

30g tofu

1 grande banana, tagliata a pezzetti

1 cucchiaino miele

1 cucchiaio di mandorle

2 cubetti di ghiaccio

Tempo di preparazione: 5 min

Non si cuoce

Preparazione:

Frulla il latte di soia e succo di melograno con 2 cubetti di ghiaccio fino a quando il ghiaccio si è sgretolato.

Aggiungi la banana, miele e tofu e amalgama bene, quindi versa la miscela in un bicchiere e cospargi con le scaglie di mandorle.

Valori nutritivi per porzione: 366kcal, 10g proteine, 12g grassi (1g saturi), 55g carboidrati (4g fibre, 50g zucchero), 13% calcio, 11% ferro, 15% magnesio, 14% vitamina C, 25% vitamina B6.

9. Toast di tonno

Una ricetta molto veloce, a basso contenuto calorico che fornisce una quantità elevata di neurone B12 protettivo. Se si desidera una sferzata di energia, spalma la pasta su un pezzo di pane integrale a circa 120kcal per pezzo e servi con il peperone a lato.

Ingredienti (4 porzioni):

2 scatolette di tonno in acqua (185g), drenato a metà

3 uova sode

1 cipollotto tritato

5 piccoli sottaceti, a dadini

sale, pepe

4 peperoni, dimezzati, senza semi

Tempo di preparazione: 5 min

Tempo di cottura: 10 min

Preparazione:

Unisci le uova, tonno, cipolla, sottaceti e condimenti in un robot da cucina e frulla molto bene fino ad ottenere una crema.

Riempi le metà dei peperoni con il composto e servi.

Valori nutritivi per porzione: 240kcal, 23g proteine, 8g grassi (2g saturi), 4g carboidrati (1g fibre, 2g zucchero), 14% magnesio, 47% vitamina A, 28% vitamina B6, 142% vitamina B12.

10. Frittelle di Banana e farina d'avena

Goditi questa versione sana di frittelle che sostituisce la farina fiore pianura con l'avena. La banana sostituisce lo zucchero raffinato, ma si può anche spargere 1 cucchiaino di miele (23kcal per cucchiaino) se ti piace di più.

Ingredienti (8 frittelle):

50g avena

4 uova, leggermente sbattute

2 banane, tagliate a tocchetti

½ cucchiaino di cannella

Olio di oliva 1 cucchiaino per ogni frittella

Tempo di preparazione: 5 min

Tempo di cottura: 30 min

Preparazione:

Unisci tutti gli ingredienti in un robot da cucina. Scalda una padella antiaderente, aggiungi un cucchiaino di olio e versa ¼ di tazza di miscela nella padella. Cuoci su ogni lato fino a quando il pancake diventa leggermente marrone.

Valori nutritivi per pancake: 135kcal, 4g proteine, 13g grassi (3g saturi), 10g carboidrati (1g fibre, 3g zucchero).

11. Colazione Guacamole

Non ti puoi perdere un pasto che contiene avocado. Alto contenuto in grassi sani e fibre, con una consistenza morbida e un sapore riccamente impreziosito da un po' di succo di limone, la Colazione Guacamole ti sostiene fino a pranzo.

Ingredienti (2 porzioni):

1 avocado maturo

1 grosso pomodoro, tritato grossolanamente

1 cipollotto tritato

1 spicchio d'aglio schiacciato

succo di limone, da ½ limone

sale

pepe nero macinato

2 fette di pane integrale, tostato

Tempo di preparazione: 5 min

Non si cuoce

Preparazione:

Taglia l'avocado a metà, nel senso della lunghezza, poi scava la polpa con un cucchiaio e mettila in una ciotola capiente. Spezzettala con una forchetta. Versa il succo di limone sopra la polpa e aggiungi il pomodoro tritato, il cipollotto e l'aglio. Condisci con il sale e un sacco di pepe nero. Mescola un po', stendi su un pezzo di pane tostato e servi subito.

Valori nutritivi per porzione: 280kcal, 9g proteine, 13g grassi (2g saturi), 30g carboidrati (9g fibre, 5g zucchero), 10% ferro, 17% magnesio, 14% vitamina A, 29% vitamina C, 17% vitamina B6.

12. Colazione di uova e verdure cotte

Una originale e facile colazione che cuoce un uovo invece di friggerlo, risparmiando una notevole quantità di grassi saturi. Le uova riempiono, mentre le verdure non sono solo gustose, ma anche sono zeppe di vitamina A e C.

Ingredienti (1 porzione):

2 grandi funghi prataioli

2 Pomodori medi, dimezzati

100g di spinaci

2 uova

1 spicchio d'aglio, tagliato a fette sottili

1 cucchiaino di olio d'oliva

Tempo di preparazione: 5 min

Tempo di cottura: 30 min

Preparazione:

Scalda il forno a 200 ° C ventilato / gas 6. Metti i pomodori e i funghi in una pirofila. Aggiungi l'aglio, l'olio e condisci, poi cuoci per 10 min.

Metti gli spinaci in una grande padella e versa dentro una pentola di acqua bollente per farli appassire. Strizza l'acqua in eccesso e quindi aggiungi gli spinaci al piatto. Fai un po' di spazio tra le verdure e spezza le uova nel piatto. Cuoci per altri 10 minuti in forno fino a quando le uova saranno cotte.

Valori nutritivi per porzione: 254kcal, 18g proteine, 16g grassi (4g saturi), 16g carboidrati (6g fibre, 10g zucchero), 31% ferro, 17% calcio, 29% magnesio, 238% vitamina A, 11% vitamina D, 102% vitamina C, 18% vitamina B1, 51% vitamina B2, 20% vitamina B3, 29% vitamina B6, 22% vitamina B12.

13. Yogurt alla frutta e nocciole

Una buona alternativa ai cereali, questa ricca colazione ti terrà pieno fino a pranzo e ti darà l'energia quando ne avrai bisogno per affrontare i tuoi compiti. Il mix di frutta secca offre una notevole quantità di grassi sani, mentre lo yogurt fa in modo di introdurre la metà del fabbisogno giornaliero di calcio.

Ingredienti (1 porzione):

Banane 1 di medie dimensioni, affettata

100g mirtilli (freschi o congelati e scongelati)

20g noci

20g nocciole

10g uvetta

200g yogurt magro

Tempo di preparazione: 5 min

Non si cuoce

Preparazione:

Mescola la frutta con le nocciole, versa in una ciotola con lo yogurt e servi.

Valori nutritivi per porzione: 450kcal, 13g proteine, 25g grassi (2g saturi), 54g carboidrati (9g fibre, 32g zucchero), 44% calcio, 16% magnesio, 30% vitamina C, 36% vitamina B6.

PRANZO

14. Minestra all'uovo con pollo e tagliatelle

Un piatto rapido e facile da fare, ideale per un pranzo. Le tagliatelle contengono abbastanza energia aumentando i carboidrati che sosterranno la tua giornata e la carne è piena di vitamina B.

Ingredienti (2 porzioni):

1 petti di pollo disossato, senza pelle, tagliato a dadini

1 uovo, sbattuto

0.6L Brodo di pollo

1 cipollotto tritato

70g tagliatelle di grano intero

70g mais dolce congelato, o baby mais, dimezzato nel senso della lunghezza

succo di limone

¼ cucchiaino di aceto di sherry

Tempo di preparazione: 10 min

Tempo di cottura: 15 min

Preparazione:

Metti il pollo e la minestra in una padella larga e porta lentamente a ebollizione per 5 min. Le tagliatelle vanno cucinate seguendo le istruzioni sulla confezione.

Aggiungi il mais e fai bollire per 2 min. Mescola il brodo e mentre è ancora da sfornare, posa una forchetta sopra la teglia e versaci le uova sopra lentamente. Mescola ancora nella stessa direzione e poi spegni la fiamma. Aggiungi il succo di limone e l'aceto.

Scola la pasta e dividila tra 2 ciotole. Versa il brodo, cospargi con la cipolla tritata e servi.

Valori nutritivi per porzione: 273kcal, 26g proteine, 6g grassi (1g saturi), 30g carboidrati (3g fibre, 2g zucchero), 1g sale, 96% vitamina B3, 42% vitamina B6.

15. Insalata di Mais e Pollo

Un pollo alla paprica-speziato, servito alla griglia con mais dolce e fresco, lattuga croccante, per una veloce e sana insalata, con abbondante vitamina B. Il condimento a base di aglio migliorerà un pasto già gustoso.

Ingredienti (2 porzioni):

2 piccoli petti di pollo senza pelle

1 pannocchia di mais

2 piccoli cuoricini di lattuga, tagliati longitudinalmente in quarti

½ cetriolo a dadini

1 spicchi d'aglio schiacciati,

1 cucchiaio di olio d'oliva

1 cucchiaino di paprika

succo di limone, dal mezzo limone

condimento (2 Porzioni):

1 spicchio d'aglio, schiacciato

75ml latte cagliato

1 cucchiaio di aceto di vino bianco

Tempo di preparazione: 20 min

Tempo di cottura: 20 min

Preparazione:

Taglia i petti di pollo longitudinalmente a metà per fare 4 strisce di pollo. Mescola paprica, aglio, olio, 1 cucchiaino di succo di limone e con qualche condimento e marina il pollo per almeno 20 min.

Scalda una padella, aggiungi l'olio rimasto e cuoci il pollo per 3-4 minuti su ogni lato fino a quando non sarà cotto. Spennella sopra l'olio rimanente e griglia il grano per circa 5 minuti o fino a renderlo leggermente carbonizzato. Assicurati di cucinare in modo uniforme. Rimuovi le pannocchie di mais e tagliale in pezzetti.

Unisci gli ingredienti per il condimento.

Mescola il cetriolo e lattuga, mettili su pollo e mais sulla parte superiore e spruzza il condimento.

Valori nutritivi per porzione : 253kcal, 29g proteine, 8g grassi (1g saturi), 14g carboidrati (3g fibre, 6g zucchero), 20% ferro, 40% magnesio, 96% vitamina B3, 72% vitamina B6.

16. Spaghetti al limone con broccoli e tonno

15 minuti è tutto ciò che serve per cucinare questa pasta di pesce piccante che racchiude un significativo pugno di energia. Il mix di spaghetti, tonno e verdura fanno di questo un piatto nutriente a tutto tondo.

Ingredienti (2 porzioni):

180g spaghetti integrali

100g tonno sott'olio sgocciolato

125g broccoli, tagliato a cimette

40g olive verdi snocciolate, tritate

1 cucchiaio di capperi, scolati

il succo e la scorza di mezzo limone

Olio d'oliva 1 cucchiaino, più extra per condire

Tempo di preparazione: 5 min

Tempo di cottura: 10 min

Preparazione:

Lessa gli spaghetti in base alle istruzioni sulla confezione. Dopo 6 min, aggiungi i broccoli e fai bollire per 4 minuti o più fino a quando entrambi saranno teneri.

Mescola le olive, scalogno, capperi, tonno, la scorza di limone e il succo in una grande ciotola. Scola la pasta con i broccoli, aggiungila alla ciotola, mescola bene con l'olio d'oliva e pepe nero e servi.

Valori nutritivi per porzione: 440kcal, 23g proteine, 11g grassi (2g saturi), 62g carboidrati (5g fibre, 4g zucchero), 1.4g sale, 12% ferro, 20% magnesio, 25% vitamina A, 50% vitamina B3, 25% vitamina B6, 90% vitamina B12.

17. Salmone al barbecue con limone strofinato

Ricco di grassi sani, Proteine e vitamine del gruppo B, il salmone è un pesce che merita sicuramente un posto nel tuo piatto. Servi con un semplice mix di pomodoro e insalata verde per assaporare il gusto di questo pasto.

Ingredienti (2 porzioni):

2 * 150g filetti di salmone senza spine

succo e scorza di mezzo limone

10g dragoncello fresco tritato

1 spicchio d'aglio tritato finemente

Olio 1 cucchiaio

Tempo di preparazione: 5 min

Tempo di cottura: 10 min

Preparazione:

Mescola la scorza di limone e il succo, aglio, dragoncello e olio d'oliva in un piatto, condisci con sale e pepe e poi aggiungi i filetti di salmone. Strofina la miscela sul pesce, copri e mettere da parte per 10 minuti.

Scalda il grill alto, togli i filetti di salmone dalla marinata, mettili su una teglia da forno e cuoci per 7-10 min. Servi quando il salmone è appena cotto.

Valori nutritivi per porzione: 322kcal, 31g proteine, 22g grassi (4g saturi), 1g carboidrati, 12% vitamina B2, 30% vitamina B1, 60% vitamina B3, 45% vitamina B6, 79% vitamina B12.

18. Zuppa di riso e pomodoro

Per un pasto principale ricco, la Zuppa di riso e pomodoro è un ottimo modo per sfruttare i pomodori freschi e salati disponibili in estate. Si può anche servire fredda, per un effetto rinfrescante.

Ingredienti (2 porzioni):

70g di riso integrale

200g Pomodori, tritati

1 cucchiaino di passata di pomodoro

1 cipollotto tritato

1 carota piccola, tritata finemente

½ gambo di sedano tritato finemente

½ l di brodo vegetale fatto con 1 dado

1 cucchiaino zucchero di canna

Aceto 1 cucchiaino

qualche foglia di prezzemolo, tritato

alcune gocce di pesto, per servire (Opzionale)

Tempo di preparazione: 10 min

Tempo di cottura: 35 min

Preparazione:

Scalda l'olio in una grande padella, aggiungi la carota, il sedano e la cipolla e fai cuocere a fuoco medio fino a quando il tutto sarà ammorbidito. Aggiungi l'aceto e zucchero, cuoci per 1 minuto e poi mescola con la passata di pomodoro. Aggiungi i pomodori, il brodo vegetale e lo zucchero di canna, copri e cuoci per 10 min.

Dividi in 2 ciotole, e cospargi di prezzemolo. Aggiungi pesto se ti piace.

Valori nutritivi per porzione: 213kcal, 6g proteine, 3g grassi (1g saturi), 39g carboidrati (4g fibre, 13g zucchero), 1.6g sale, 16% vitamina A, 22% vitamina C.

19. Pollo farcito con spinaci e datteri

Alto contenuto di proteine, con una quantità equilibrata di carboidrati e un sacco di vitamine, questo pasto sano copre praticamente tutto, dalle sostanze nutrienti a piacere. I datteri e spinaci nel ripieno aggiungono una dolcezza al tutto.

Ingredienti (2 porzioni):

2 petti di pollo disossati e senza pelle

100g di spinaci, tritati

1 piccola cipolla, tritata finemente

1 spicchio d'aglio tritato finemente

4 datteri, finemente tritati

1 cucchiaio Succo di melograno o miele

1 cucchiaino di cumino

1 cucchiaio di olio d'oliva

100g fagiolini surgelati

Tempo di preparazione: 10 min

Tempo di cottura: 15 min.

Preparazione:

Scalda il forno a 200 ° C ventilato / gas 6. Scalda l'olio in una padella antiaderente, aggiungi la cipolla, l'aglio e un pizzico di sale e cuoci per 5 minuti prima di aggiungere i datteri, gli spinaci e ½ del cumino. Cuoci per altri 1-2 minuti.

Taglia i petti di pollo a metà, longitudinalmente, e lascia una parte intatta in modo da poter aprirli come un libro. Apri i petti di pollo e mettili in una teglia da forno, aggiungi il resto del cumino e il condimento, cospargi con il succo di melograno o miele e cuoci per 20 min. Servi con i piselli surgelati, leggermente cotti al vapore.

Valori nutritivi per porzione: 257kcal, 36g proteine, 4g grassi (1g saturi), 21g carboidrati (3g fibre), 17% ferro, 23% magnesio, 97% vitamina A, 36% vitamina C, 96% vitamina B3, 49% vitamina B6.

20. Fagioli al peperoncino

Un pasto salutare vegetariano per il pranzo con tanto sapore, questo piatto è ottimo per contribuire della metà o un terzo della quantità richiesta di fibre giornaliere. Puoi servirlo con una piccolo porzione di riso integrale aggiungendo circa 170kcal al piatto.

Ingredienti (2 porzioni):

170g Peperone, privato dei semi e affettato

200g fagioli in salsa di peperoncino

200g può fagioli neri, scolati

200g Pomodori, tritati

1 piccola cipolla, tritata

1 cucchiaino di cumino

1 cucchiaino di peperoncino in polvere

1 cucchiaino di paprika dolce affumicata

1 cucchiaino di olio d'oliva

Tempo di preparazione: 15 min

Tempo di cottura: 30 min

Preparazione:

Scalda l'olio in una grande padella, aggiungi la cipolla e pepe e cuoci per 8-10 minuti fino a quando il tutto sarà ammorbidito. Aggiungi le spezie e cuoci per 1 min.

Aggiungi i fagioli e pomodori, porta a ebollizione e fai sobbollire per 15 minuti. Quando il peperoncino si sarà addensato, togli e servi.

Valori nutritivi per porzione: 183kcal, 11g proteine, 5g grassi (1g saturi), 26g carboidrati (12g fibre, 12g zucchero), 16% ferro, 14% magnesio, 16% vitamina A, 22% vitamina C, 14% vitamina B1.

21. Manzo all'aglio

Goditi una bistecca di manzo fatta in fretta che non è solo ricca di proteine e povera di grassi e carboidrati, ma anche carica di vitamina B. Unisci alcuni pomodori ciliegia per saziarti e avere un pasto rinfrescante.

Ingredienti (2 porzioni):

300g coscia manzo ben curata

3 spicchi d'aglio

2 Cucchiai aceto di vino rosso

1 cucchiaino di pepe nero

200g pomodorini, dimezzati con una spruzzata di aceto

Tempo di preparazione: 10 min

Tempo di cottura: 15min

Preparazione:

Schiaccia i grani di pepe e l'aglio con un pizzico di sale in un mortaio fino ad ottenere una pasta liscia, quindi aggiungi l'aceto. Stendi la carne in un piatto, poi strofina la pasta dappertutto. Lascia in frigorifero per 2 ore.

Metti una padella su piastra a fuoco molto caldo. Strofina la marinata sulla della carne, aggiungi più sale. Cuoci la carne per circa 5 minuti su ogni lato (assicurarsi che il taglio non sia troppo spesso). Solleva la carne e ponila sopra un tagliere, poi falla riposare per 5 minuti prima di tagliarla a fette. Servi con pomodorini.

Valori nutritivi per porzione: 223kcal, 34g proteine, 6g grassi, 7g carboidrati (1g fibre, 3g zucchero), 22% ferro, 16% vitamina A, 22% vitamina C, 27% vitamina B2, 42% vitamina B3, 30% vitamina B6, 64% vitamina B12.

22. Pesce grigliato con pomodoro e spezie marocchine

Un pasto a base di orate per una fonte eccellente di proteine. La salsa sudafricana con le sue spezie aromatiche aumenta il gusto e va anche bene con le sarde e il branzino.

Ingredienti (2 porzioni):

2 * 140 g filetti di orata senza pelle

3 grossi pomodori

1 ½ grandi peperoni rossi, senza semi e dimezzati

2 spicchi d'aglio schiacciati

20ml Olio d'oliva

1 cucchiaino di cumino

1 cucchiaino di paprika

1/8 cucchiaino di pepe nero

un pizzico di pepe di Caienna

mazzetto di prezzemolo, tritato grossolanamente

mazzetto di coriandolo, tritato grossolanamente

Tempo di preparazione: 30 min

Tempo di cottura: 15 min

Preparazione:

Scalda il grill in alto, posiziona i peperoni dal lato della pelle su una teglia da forno e metti sotto il grill fino a renderlo nero e pieno di vesciche. Metti in una ciotola coperta ermeticamente e lascia raffreddare. Quando saranno freddi, rimuovi le pelli bruciate poi tagliali a pezzetti.

Togli la pelle ai pomodori, poi tagliati in quarti, elimina i semi e crea dei dadini.

Scalda l'olio in una grande padella, aggiungi l'aglio, il pepe macinato e le spezie e cuoci per 2 minuti. Aggiungi i peperoni e pomodori e cuoci a fuoco medio fino a quando i pomodori saranno molto morbidi. Rompi i pomodori morbidi e continua la cottura finché il liquido si sarà ridotto a salsa.

Scalda il grill, adagia il pesce in una teglia foderata con un foglio leggermente oliato. Condisci e cuoci per 4-5 minuti fino a cottura totale. Dividi la salsa sui piatti con sopra il pesce e servi con le erbe tritate.

Valori nutritivi per porzione: 308kcal, 25g proteine, 18g grassi (2g saturi), 16g carboidrati (4g fibre, 12 g zucchero), 23% magnesio, 45% vitamina A, 55% vitamina C, 12% vitamina B1, 12% vitamina B2, 14% vitamina B3, 34% vitamina B6.

23. Gamberi al curry

Hai solo bisogno di 20 minuti per preparare questo delizioso piatto a base di pesce aromatizzato. La cremosa salsa di ciliegie aromatica va molto bene con una Porzione di riso bollito con circa 175kcal per Porzione.

Ingredienti (2 porzioni):

200g prime gamberetti congelati

200g pomodori tritati

25g di crema di cocco in bustina

1 piccola cipolla, tritata

1 cucchiaino Thai rosso pasta di curry

½ cucchiaino di radice di zenzero fresco

1 cucchiaino di olio d'oliva

coriandolo tritato

Tempo di preparazione: 5 min

Tempo di cottura: 15 min

Preparazione:

Scalda l'olio in una casseruola. Aggiungi la cipolla e lo zenzero e cuoci per qualche minuto fino ad ammorbidirli. Aggiungi la pasta di curry, mescola e cuoci per 1 minuto. Versa sopra i pomodori e la crema di cocco, porta ad ebollizione e lascia cuocere a fuoco lento per 5 minuti, aggiungendo un po' di acqua bollente se la miscela diventa troppo spessa.

Aggiungi i gamberi e fai cuocere per altri 5-10 minuti. Cospargi con il coriandolo tritato e servi.

Valori nutritivi per porzione: 180kcal, 20g proteine, 9g grassi (4g saturi), 6g carboidrati (1g fibre, 5g zucchero), 1g sale, 18% ferro, 10% magnesio, 20% vitamina A, 26% vitamina C, 13% vitamina B3, 25% vitamina B12.

24. Pollo ai funghi

Un piatto sano, questo casseruola di pollo ha un'elevata quantità di proteine che ti terrà pieno fino a cena. Le cosce di pollo aggiungono sapore in più e succosità, mentre i funghi sono responsabili della sensazione pungente di questo pranzo a basso contenuto di calorie.

Ingredienti (2 porzioni):

250g disossate, cosce di pollo senza pelle

125ml brodo di Pollo

25g di piselli surgelati

150g di funghi

25g cubetti di pancetta

1 grande scalogno, tritato

1 cucchiaio di olio d'oliva

1 cucchiaino di aceto di vino bianco

farina, per spolverare

una piccola manciata di prezzemolo tritato

Tempo di preparazione: 15 min

Tempo di cottura: 25 min

Preparazione:

Scalda 1 cucchiaino di olio in una padella antiaderente, condisci e spolvera il pollo con la farina. Rosola su tutti i lati, quindi rimuovi il pollo e friggi la pancetta ed i funghi fino a farli ammorbidire.

Metti il resto dell'olio di oliva e cuocere gli scalogni per 5 min. Aggiungi il brodo, l'aceto e fai bollire per 1-2 min. Rimetti il pollo, la pancetta e i funghi nella padella e cuoci per 15 min. Aggiungi i piselli ed il prezzemolo, cuoci per altri 2 minuti, poi servi.

Valori nutritivi per porzione: 260kcal, 32g proteine, 13g grassi (3g saturi), 4g carboidrati (3g fibre, 1 g zucchero), 1g sale, 21% ferro, 39% vitamina D, 12% vitamina B2, 34% vitamina B3, 17% vitamina B6.

25. Tacchino fritto

Con tante proteine, da preparare in fretta e saporito, questo piatto è un perfetto pranzo speziato. Il suo contenuto di carboidrati ti caricherà di energia in modo che possa essere anche un pasto ideale per il pre-allenamento.

Ingredienti (2 porzioni):

200g bistecche di petto di tacchino, tagliate a striscioline (rimuovere il grasso)

150g spaghetti di riso

170g Fagiolini, dimezzato

1 spicchio d'aglio, affettato

1 piccola cipolla rossa, a fette

½ peperoncino rosso tritato

succo di ½ lime

½ cucchiaino di olio d'oliva

½ cucchiaino di peperoncino in polvere

1 cucchiaino di salsa di pesce

menta, tritata grossolanamente

Coriandolo, tritato grossolanamente

Tempo di preparazione: 10 min

Tempo di cottura: 15 min

Preparazione:

Cuoci la pasta seguendo le istruzioni sulla confezione. Scalda l'olio in una padella antiaderente e friggi il tacchino a fuoco vivo per 2 minuti. Aggiungi la cipolla, l'aglio e fagioli e fai cuocere per altri 5 minuti.

Aggiungi al di sopra il succo di lime, peperoncino fresco, peperoncino in polvere e salsa di pesce, mescola e cuoci per 3 minuti. Incorpora le tagliatelle e le erbe a piacere e servi.

Valori nutritivi per porzione: 425kcal, 32g proteine, 3g grassi (1g saturi), 71g carboidrati (4g fibre, 4g zucchero), 1 g sale, 12% ferro, 10% magnesio, 12% vitamina A, 36% vitamina C, 13% vitamina B1, 24% vitamina B2.

26. Trota piccante

Prova questo facile pasto leggero estivo con la trota. Una grande fonte di vitamina B12, questo pesce bianco può essere servito con un contorno di insalata verde cosparso di sale marino e un po' di succo di limone per una sensazione più aspra.

Ingredienti (2 porzioni):

2 filetti di trota

15g Pinoli, tostati e tritati grossolanamente

25g pangrattato

1 cucchiaino di burro morbido

1 cucchiaino di olio d'oliva

il succo e la scorza di mezzo limone

1 mazzetto di prezzemolo, tritato

Tempo di preparazione: 10 min

Tempo di cottura: 5 min

Preparazione:

Scalda il grill a temperatura elevata. Posa i filetti, dalla parte della pelle, su una teglia unta d'olio.

Mescola il pangrattato, succo di limone e la scorza, burro, prezzemolo e la metà dei pinoli. Spargi la composizione con un sottile strato sopra i filetti, condisci con l'olio e metti sotto il grill per 5 minuti. Cospargi il resto dei pinoli e servi con il cavolfiore al vapore o fagiolini.

Valori nutritivi per porzione: 298kcal, 30g proteine, 16g grassi (4g saturi), 10g carboidrati (1g fibre, 1g zucchero), 11% magnesio, 14% vitamina B1, 41% vitamina B3, 25% vitamina B6, 150% vitamina B12.

27. Stufato di pesce piccante

Delizia il palato con questo mix piccante di gamberi, vongole e pesce bianco che fornisce una quantità abbondante di proteine e copre la maggior parte delle vitamine del gruppo B. Assicurati di utilizzare pesce fresco per massimizzare il gusto saporito di questa casseruola.

Ingredienti (2 porzioni):

100g gamberoni crudi sgusciati

150g vongole

150g Filetti di pesce bianco (tagliati in pezzi da 3cm)

250g piccole patate novelle, dimezzate e bollite

130g pomodori tritati

350ml brodo di Pollo

1 piccola cipolla, tritata

2 spicchi d'aglio, tritati

1 peperoncino rosso secco

succo di 1 lime

½ cucchiaino di paprica affumicata piccante

½ cucchiaino di cumino macinato

1 cucchiaino di olio d'oliva

spicchi di lime per Porzione (Opzionale)

Tempo di preparazione: 15 min

Tempo di cottura: 30 min

Preparazione:

Tostare il peperoncino in una calda padella asciutta fino a che si gonfiano un po', quindi rimuovili, togli i semi e mettili a bagno in acqua bollente per 15 minuti.

Scalda l'olio in una grande padella, aggiungi la cipolla, l'aglio e il condimento e cuoci fino ad ammorbidirli. Aggiungi la paprika, peperoncino, cumino, pomodori e il brodo e fai rosolare per 5 minuti, poi mescola tutto in un frullatore fino a che diventa tutto liscio. Versa nella pentola e porta al punto di ebollizione. Lascia cuocere a fuoco lento per 10 minuti.

Aggiungi i gamberi, filetti di pesce, vongole e patate, metti un coperchio sulla parte superiore della padella e cuoci per 5 minuti a fuoco medio-alto. Servi con spicchi di lime, se ti piacciono.

Valori nutritivi per porzione: 347kcal, 44g proteine, 6g grassi (1 g saturi), 28g carboidrati (4g fibre, 7g zucchero), 1.1g sale, 18% magnesio, 12% vitamina A, 40% vitamina C, 16% vitamina B1, 10% vitamina B2, 23% vitamina B3, 26% vitamina B6, 62% vitamina B12.

CENA

28. Melanzane stufate

Un pasto vegetariano saporito, con un formaggio fresco e pane grattugiato sopra al tutto, che è leggero e perfetto per la cena. Dimentica i peperoni ripieni e prova queste melanzane aromatizzato.

Ingredienti (2 porzione):

1 melanzana

60g mozzarella vegetariana, fatta a pezzi

1 piccola cipolla, tritata finemente

2 spicchi d'aglio, tritati finemente

Olio di oliva 1 cucchiaio, più extra per spruzzare

6 pomodorini, tagliati a metà

una manciata di foglie di basilico tritato

alcune manciate di pane grattugiato

Tempo di preparazione: 15 min

Tempo di cottura: 40 min

Preparazione:

Scalda il forno a 200 ° C ventilato / gas 7. Taglia le melanzane longitudinalmente a metà (è possibile lasciare lo stelo intatto o rimuoverlo). Taglia un bordo all'interno della melanzana di spessore di circa 1 cm. Utilizzando un cucchiaino, scava la polpa di melanzane fino a quando saranno rimasti 2 gusci. Trita la carne poi mettila da parte. Spennella i gusci con un po' di olio, condisci e mettili in una pirofila. Copri con un foglio e cuoci per 20 min.

Aggiungi l'olio rimanente in una padella antiaderente. Aggiungi la cipolla e fai cuocere fino a quando diventa morbida, quindi inseriscila nella carne tritata e fai cuocere. Aggiungere l'aglio e pomodori e cuoci per altri 3 minuti.

Quando i gusci di melanzana sono teneri, toglili dal forno, condisci, cospargi alcune briciole di pane e versa l'olio. Riduci il calore nel forno a 180C ventilato / gas 6. Cuoci per 15-20 minuti, fino a quando il formaggio sarà e il pangrattato sarà dorato. Servi con una insalata verde.

Valori nutritivi per porzione: 266kcal, 9g proteine, 20g grassi (6g saturi), 14g carboidrati (5g fibre, 7g zucchero), 1g sale, 15% vitamina A, 19% calcio.

29. Insalata di Arance, Noci e Formaggio Blu

Prova questa insalata salata e dolce con noci sbriciolate e formaggio blu per una cena leggera. Questo piatto, ad alto contenuto di grassi sani e vitamina C, richiede solo 10 minuti di preparazione ed è un ottimo modo per terminare un giorno impegnativo.

Ingredienti (2 porzioni):

1 * 100g Sacchetto di insalata mista (spinaci, rucola e crescione)

1 grande arancia

40g Noci, tritate grossolanamente

70g di formaggio blu, sbriciolato

1 cucchiaino di olio di noce

Tempo di preparazione: 10 min

Non si cuoce

Preparazione:

Svuota il sacco di insalata in una ciotola. Sbuccia le arance e taglia i segmenti del midollo su una piccola ciotola per prenderne il succo. Versa l'olio di noce nel succo d'arancia poi versaci sopra le foglie di insalata. Spargi l'insalata, gorgonzola e noci sugli spicchi d'arancia e servi.

Valori nutritivi per porzione: 356kcal, 14g proteine, 30g grassi (10g saturi), 8g carboidrati (3g fibre, 8g zucchero), 19% calcio, 10% magnesio, 20% vitamina A, 103% vitamina C, 10% vitamina B1.

30. Insalata con riso messicano e fagioli

Un pasto piccante con pochi grassi ed un sapore latino-americano, l'Insalata con riso messicano e fagioli è imballata con le verdure e fa riempire anche a cena. Divertiti un po' e utilizza una scatola di fagioli misti per un piatto più colorato.

Ingredienti (2 porzioni):

90g di riso integrale

200g scatoletta di insalata di fagioli neri, scolati

½ avocado maturo, tritato

2 cipollotti, tritate

½ peperone rosso, privato dei semi e tritato

Succo di ½ lime

1 cucchiaino di spezie Cajun mix

mazzetto di coriandolo tritato

Tempo di preparazione: 15 min

Tempo di cottura: 20 min

Preparazione:

Cuoci il riso seguendo le istruzioni sulla confezione. Scolalo poi raffreddalo sotto l'acqua corrente fredda. Aggiungi fagioli, peperoni, cipolle e avocado.

Mescola il succo di lime con pepe nero e le spezie Cajun poi versa sopra il riso. Aggiungi il coriandolo e servi.

Valori nutritivi per porzione: 326kcal, 11g proteine, 10g grassi (2g saturi), 44g carboidrati (6g fibre, 4g zucchero), 10% ferro, 15% magnesio, 11% vitamina B1, 13% vitamina B6.

31. Ceci e spinaci al curry

Prepara questo pasto per una grande notte. Con tanta vitamina A e proteine, questo piatto vegetariano può essere servito con un po' di Naan. Attenzione per le calorie in eccesso, però, un pezzo di pane Naan contiene circa 140kcal.

Ingredienti (2 porzioni):

1 * 400g scatoletta di ceci, scolati

200g pomodorini

130g foglie di spinaci

1 cucchiaio di pasta di curry

1 piccola cipolla, tritata

succo di limone

Tempo di preparazione: 5 min

Tempo di cottura: 15 min

Preparazione:

Riscalda la pasta di curry in una padella antiaderente. Quando comincia a dividersi, aggiungi la cipolla e cuoci per 2 minuti fino a quando non si ammorbidisce. Aggiungi i pomodori e fai bollire finché la salsa si sarà ridotta.

Aggiungi i ceci e qualche condimento e cuoci per un minuto in più. Togli dal fuoco, poi aggiungi gli spinaci (il calore della padella appassirà le foglie). Condisci, aggiungi il succo di limone e servi.

Valori nutritivi per porzione: 203kcal, 9g proteine, 4g fat, 28g carboidrati (6g fibre, 5g zucchero), 1.5g sale, 25% ferro, 29% magnesio, 129% vitamina A, 61% vitamina C, 58% vitamina B6.

32. Brodo di verdure thai e latte di cocco

Una Porzione di pasta all'uovo condita con un delizioso brodo vegetale dà un gusto delizioso e veloce di Thai. Se si preferisce un brodo più corposo, usa meno brodo vegetale, a seconda dei gusti.

Ingredienti (2 porzioni):

200ml scatoletta di latte di cocco magro

500ml brodo di verdure

Pasta all'uovo 90g

1 carota tagliata a fiammiferi

¼ testa di insalata cinese, affettata

75g germogli di fagiolini

3 pomodorini, tagliati a metà

2 piccoli cipollotti, longitudinalmente dimezzati e affettati

succo di lime da ½ frutto

1 ½ cucchiaini Thai rosso pasta di curry

1 cucchiaino zucchero di canna

1 cucchiaino di olio d'oliva

manciata di coriandolo, tritato grossolanamente

Tempo di preparazione: 15 min

Tempo di cottura 10 min

Preparazione:

Scalda l'olio in un wok poi aggiungi la pasta di curry e friggi per 1 min fino a renderla fragrante. Aggiungi il brodo vegetale, zucchero di canna e latte di cocco e fai sobbollire per 3 minuti.

Aggiungi le tagliatelle, carote e foglie cinesi e cuoci a fuoco lento finché saranno teneri. Aggiungi i germogli di soia e pomodori, succo di lime per un po' di gusto in più. Servi nelle ciotole e cospargi con coriandolo e cipollotti.

Valori nutritivi: 338kcal, 10g proteine, 14g grassi (7g saturi), 46g carboidrati (5g fibre, 12g zucchero), 1.2g sale, 14% ferro, 16% magnesio, 10% vitamina B3.

33. Zucchine stufate

Una cena sana e vegetariana, leggera sullo stomaco e un piacere da gustare. Le zucchine sono aromatizzate da un mix di pinoli, pomodori secchi e parmigiano. È possibile cospargere le zucchine con un po' di pesto al posto dell'olio d'oliva, prima di metterle in forno.

Ingredienti (2 porzioni):

2 zucchine, longitudinali dimezzato

2 cucchiaini di olio d'oliva

insalata mista, a servire

Ripieno:

25g Pinoli

3 cipollotti finemente affettato

1 spicchio d'aglio, schiacciato

3 pomodori secchi sott'olio sgocciolato

12g parmigiano, finemente grattugiato

25g pangrattato

1 cucchiaino di timo in foglia

Tempo di preparazione: 10 min

Tempo di cottura: 35 min

Preparazione:

Scalda il forno a 200 ° C ventilato / gas 7. Metti le zucchine in una pirofila, e tagliale. Spennella leggermente con 1 cucchiaino di olio e cuoci per 20 min.

Mescola tutti gli ingredienti insieme e riempi una ciotola e condisci con pepe nero, cospargi la miscela in cima alle zucchine e condisci con l'olio rimasto. Cuoci in forno per altri 10-15 minuti, fino a quando le zucchine saranno ammorbidite e il condimento croccante. Servi caldo con una insalata mista.

Valori nutritivi per porzione: 244kcal, 10g proteine, 17g grassi (3 saturi), 14g carboidrati (3g fibre, 5g zucchero), 56% vitamina C, 16% vitamina B2, 21% vitamina B6.

34. Macedonia

Una macedonia carica di vitamina C addolcita con miele e pronta da servire in 10 min. Migliora questa semplice macedonia con l'aggiunta di una spruzzata di menta fresca tagliata.

Ingredienti (1 porzione):

1 pompelmo, scorza e semi asportati

2 albicocche, a fette

2 arance, la buccia e semi asportati

1 cucchiaino miele chiaro

Tempo di preparazione 5 min

Non si cuoce

Preparazione:

Metti le albicocche in una grande ciotola. Taglia le arance ed i pompelmi nella ciotola per catturarne i succhi. Mescola nel miele e servi.

Valori nutritivi per porzione: 166kcal, 4g proteine, 36g carboidrati (8g fibre, 28g zucchero), 46% vitamina A, 184% vitamina C, 13% vitamina B1.

35. Funghi alla Diavola

Concediti un piccante pasto sano, con a lato un po' insalata croccante fresca. Raddoppia la Porzione di fibre e proteine o servilo con una fetta media di baguette per circa 150kcal a pezzo.

Ingredienti (2 porzioni):

8 grandi funghi piani

2 spicchi d'aglio schiacciati

2 cucchiaio di olio d'oliva

2 Cucchiai salsa Worcester

2 Cucchiai senape integrale

1 cucchiaino di paprika

140g foglie di insalata mista in busta, con crescione e rubino bietole

Tempo di preparazione: 10 min

Tempo di cottura: 15 min

Preparazione:

Scalda il forno a 180 ° C ventilato / gas 6. Mescola la senape, l'olio, l'aglio e salsa Worcester in una grande ciotola, poi condisci con pepe nero appena macinato e sale. Aggiungi i funghi al mix e mescola bene per ricoprire uniformemente. Metti i gambi verso l'alto in una pirofila, cospargi con la paprika e cuoci per 8-10 minuti.

Dividi le foglie di insalata tra due piastre e posiziona 4 funghi su ogni piatto. Spargi i succhi sopra i funghi e servi subito.

Valori nutritivi per porzione: 102kcal, 8g proteine, 14g grassi (2g saturi), 8g carboidrati (4g fibre), 1g sale, 20% vitamina B2, 16% vitamina B3.

36. Insalata di Trota Affumicata con barbabietole, finocchio e mele

Un delicato pesce affumicato a caldo completato da una mela croccante e la barbabietola colorata, diventa un'insalata esotica con una combinazione di sapore meraviglioso. La trota è una fonte ideale di B12 e di proteine di alta qualità.

Ingredienti (2 porzioni):

140g Filetto di trota senza pelle affumicato

100g barbabietola in aceto, drenata e tagliata

4 cipollotti, affettati

1 mela dalla pelle verde, spellata e affettata

½ piccola testa di finocchio, tagliato a fette sottili

foglie di aneto, piccolo mazzo, finemente tritato

2 Cucchiai yogurt con pochi grassi

1 cucchiaino salsa al rafano

Tempo di preparazione: 10 min

Non si cuoce

Preparazione:

Posiziona il finocchio in un piatto e spargici sopra le barbabietole, cipolline e mela. Taglia la trota in pezzi grossi e mettila sopra a tutto. Cospargi con metà dell'aneto.

Mescola lo yogurt ed il rafano con 1 cucchiaio di acqua fredda, quindi aggiungi il resto dell'aneto e mescola. Versa metà del condimento sopra l'insalata e gira leggermente, poi un cucchiaio sul resto della porzione e servi.

Valori nutritivi per porzione: 183kcal, 19g proteine, 5g grassi (1g saturi), 16g carboidrati (5g fibre, 16g zucchero), 1.6g sale, 12% ferro, 11% vitamina A, 20% vitamina C, 20% vitamina B1, 17% vitamina B2, 20% vitamina B3, 100% vitamina B12.

37. Carote arrosto con melograno e formaggio di capra

Un pasto tutto-tondo completo quando si tratta di sostanze nutritive, questa combinazione di verdure dolci e succhi di frutta acidi è un'opzione sana e interessante. Assicurati di mantenere i semi di melograno separati e aggiungili poco prima di mangiare se hai intenzione di fare una grande partita.

Ingredienti (2 porzioni):

375g carote

40g semi di melograno

50g di formaggio di capra, sbriciolato

200g ceci in scatola, scolati

scorza grattugiata e il succo di ½ arancia

1 cucchiaio di olio d'oliva

1 cucchiaino di semi di cumino

piccolo mazzetto di menta tritata

Tempo di preparazione: 10 min

Tempo di cottura: 50 min

Preparazione:

Scalda il forno a 170 ° C ventilato / gas 5. Metti le carote in una ciotola e condiscile con metà dell'olio d'oliva, i semi di cumino e la scorza d'arancia e il sale. Stendi le carote su un grande piatto di cottura per 50 minuti fino a quando non diventano tenere e prendono un po' di colore sui bordi.

Mescola i ceci con le carote arrosto, poi impiatta. Irroralo con l'olio rimanente e il succo d'arancia. Aggiungi il formaggio di capra sbriciolato, spargi i semi di melograno e le erbe e servi.

Valori nutritivi per porzione: 285kcal, 12 g proteine, 15g grassi (6g saturi), 30g carboidrati (6g fibre, 16g zucchero), 15% calcio, 12% ferro, 14% magnesio, 610% vitamina A, 28% vitamina C, 12% vitamina B1, 18% vitamina B2, 11% vitamina B3, 37% vitamina B6.

38. Zuppa di lenticchie, carote e arancia

Una zuppa interessante a base di succo d'arancia che servirà a coprire la quantità necessaria giornaliera di vitamina C. Sano, con sapori che funzionano bene insieme, questa ricetta è una delizia piccante. Puoi allungarla con un po' d'acqua, se la trovi troppo densa.

Ingredienti (2 porzioni):

75g Lenticchie rosse

225g carote, dadini

300ml Succo d'arancia

1 cipolla, tritata

600ml brodo di verdure

2 Cucchiai yogurt magro

1 cucchiaino di semi di cumino

2 cucchiaini di semi di coriandolo

coriandolo fresco tritato per guarnire

Tempo di preparazione: 15min

Tempo di cottura: 35 min

Preparazione:

Rompi i semi in un mortaio, poi asciugali in padella per 2 minuti fino a doratura completa. Aggiungi lenticchie, carote, cipolla, succo d'arancia, brodo e condimenti e porta a ebollizione. Copri e cuocere a fuoco lento per 30 minuti fino a quando le lenticchie saranno ammorbidite.

Trasferisci il mix in un robot da cucina e amalgama bene. Rimetti tutto in padella, scalda a fuoco medio e mescola di tanto in tanto. Aggiusta di sale poi distribuisci nelle ciotole, versa lo yogurt sopra, cospargi con le foglie di coriandolo e servi subito.

Valori nutritivi per porzione: 184kcal, 8g proteine, 2g grassi, 34g carboidrati (4g fibre), 1g sale, 340% vitamina A, 134% vitamina C, 16% vitamina B1, 11% vitamina B3, 13% vitamina B6.

39. Verdure rosse al curry

Ti porterà via quasi un'ora di preparazione, ma questo profumato piatto Thai sicuramente terrà le tue papille gustative in azione. Ricco di sostanze nutritive, questo cremoso curry vegetariano ha la stoffa di un piatto unico, ma può anche essere servito con un po' di riso bollito per circa 175 kcal in più.

Ingredienti (2 porzioni):

70g Funghi, scottati

70g pisellini

½ zucchine, tagliate a tocchetti

½ melanzane, tagliate in pezzi

100g di tofu, tagliato a cubetti

200ml di latte di cocco in lattina, magro

1 peperoncino rosso (½ finemente tritato, ½ affettato a rondelle)

¼ pepe rosso, privato dei semi e tagliato a fettine

2 Cucchiai salsa di soia

Succo di 1 lime

1 cucchiaio di olio d'oliva

10g Foglie di basilico

½ cucchiaino zucchero di canna

Per la pasta:

3 scalogni, tritati grossolanamente

2 piccoli peperoncini rossi

½ citronella, tritata grossolanamente

1 spicchi d'aglio

10g semi di coriandolo

½ peperone rosso, privato dei semi e tagliato grossolanamente

scorza di ½ lime

¼ cucchiaino di radice di zenzero grattugiato

½ cucchiaino di coriandolo

½ cucchiaino di pepe macinato fresco

Tempo di preparazione: 30 min

Tempo di cottura: 20 min.

Preparazione:

Marina il tofu in metà del succo di lime, 1 cucchiaio di salsa di soia e il peperoncino tritato.

Metti gli ingredienti in un robot da cucina.

Scalda metà dell'olio in una padella, aggiungi 2 cucchiai di pasta e friggi per 2 minuti. Incorpora il latte di cocco con acqua, 50 ml, melanzane, zucchine e pepe. Cuoci fino a quando diventa tutto morbido.

Scola il tofu, asciugalo poi friggilo nell'olio rimasto in un pentolino fino a doratura.

Aggiungi il fungo, lo zucchero e la maggior parte del basilico, poi condisci con lo zucchero, il resto del succo di lime e la salsa di soia. Cuoci fino a quando i funghi saranno teneri, quindi aggiungi il tofu e scalda il tutto. Cospargi con il basilico, il peperoncino a fette e servi.

Valori nutritivi per porzione: 233kcal, 8g proteine, 18g grassi (10g saturi), 11g carboidrati (3g fibre, 7g zucchero), 3g sale, 13% calcio, 12% ferro, 14% magnesio, 11% vitamina A, 65% vitamina C, 15% vitamina B1, 21% vitamina B2, 12% vitamina B3, 22% vitamina B6.

40. Riso pilaf ai funghi e limone

Questo piatto di funghi pilaf con poche calorie è il tuo biglietto per un'alternativa più leggera al risotto. Getta una manciata di piselli per un piatto più colorato, e sentiti libero di sostituire l'erba cipollina con cipollotti, se vorrai.

Ingredienti (2 porzioni):

100g riso integrale

150g Funghi, a fette

250ml brodo di verdure

1 piccola cipolla, affettata

1 spicchio d'aglio, schiacciato

3 Cucchiai formaggio magro a pasta molle con aglio ed erbe

scorza e il succo di mezzo limone

mazzetto di erba cipollina, tritata

Tempo di preparazione: 10 min

Tempo di cottura: 30 min

Preparazione:

Metti la cipolla in una padella antiaderente, aggiungi alcuni Cucchiai del brodo e cuoci per circa 5 minuti fino a quando la cipolla sarà ammorbidita. Aggiungi l'aglio ed i funghi e cuoci per altri 2 minuti. Mentre il tutto si miscela, aggiungi il riso, la scorza di limone e il succo. Versa il rimanente brodo vegetale, condisci e porta ad ebollizione.

Abbassa il fuoco, copri il tegame e lascia cuocere a fuoco lento per 30 minuti fino a quando il riso sarà tenero. Mescola con la metà di erba cipollina e formaggio a pasta molle. Dividi tra 2 piatti e servi condito con il restante formaggio morbido ed erba cipollina.

Valori nutritivi per porzione: 249kcal, 12g proteine, 4g grassi (2g saturi), 44g carboidrati, 2g fibre, 4g zucchero), 11% vitamina A, 23% vitamina B2.

RICETTE DI SUCCHI PER LA PERDITA DI PESO

1. Succo Mela Mix

Questo è un ottimo succo da bere prima di un esercizio o dopo cena, ed è un ottimo modo per aiutarti con la tua perdita di peso. E perché? Le mele sono a basso contenuto di calorie e la loro fibra aiuta a sentirsi più pieni per un tempo più lungo, perché espande lo stomaco, il che significa meno calorie nel tuo stomaco. Il succo di cetriolo è molto ricco di acqua, e si sa che l'acqua è importante per la perdita di peso. In un recente studio, gli adulti che consumano acqua in più perdono 4 chili di peso corporeo in più rispetto a quelli che non ne bevono. Mela: Migliora la salute neurologica

- Cetriolo: Stimola la perdita di peso e la digestione
- Limone: Aiuta a ridurre il dolore e l'infiammazione alle articolazioni e ginocchia
- Arancia: Regola la pressione sanguigna alta
- Banana: Svolge un ruolo nel preservare la memoria e migliora l'umore

Ingredienti:

- Mela - 1 media dimensione 162g
- Cetriolo - 1 cetriolo (301g
- Limone - 1/2 frutto 25g
- Arancia - 1 grandi dimensioni 154g
- Banana - 1 media dimensione 150 g

Come preparare:

- **Lava tutti gli ingredienti. Pelali se necessario.**
- **Spremili tutti assieme per ottenere un'ottima bibita.**

Conteggio totale delle Calorie: 280

Vitamine: Vitamina A 27µg, Vitamina C 101.2mg, Calcio 108mg, Vitamina B-6 0.328mg, Vitamina E 1.54mg, Vitamina K 49.7µg

Minerali: Rame 0.418mg, Magnesio 52mg, Fosforo 137mg, Selenio 2.1µg, Zinco 1.07mg

2. Succo Frutto Mania

Assaggia questo succo impressionante che non solo è delizioso, ma ti aiuta anche a perdere peso più velocemente e purificare il corpo. Ingredienti come il pepe di Caienna può aiutare ad aumentare il tuo fuoco metabolico. Il mango, "frutto dell'India", come viene talvolta chiamato, ha una ricchezza di nutrienti, ed è una fonte importante di beta-carotene e Vitamina C. Ciò significa che, più sostanze nutritive si ottengono, meno si devono mangiare a pasto. Quindi assicurati di aggiungere questo succo ai tuoi pasti giornalieri.

- Mela: Protegge il corpo dagli effetti dei radicali liberi
- Pepe di Caienna: Possibile agente anti-cancerogeno
- Mango: Migliora la digestione
- Arancia: Alcalizza il corpo
- Banana: Abbassa la pressione

Ingredienti:

- Mela – 1 grandi dimensioni 213g
- Pepe di Caienna (pizzico) - 1 pizzico 0.11g
- Mango (senza buccia) - 1 frutto (senza semi) 316g

- Arancia (senza buccia) - 1 grandi dimensioni 154g

- Banana (senza buccia) – 1 media dimensione 150 g

Come preparare:

- **Lava tutti gli ingredienti. Pelali se necessario.**

- **Spremili tutti assieme per ottenere un'ottima bibita.**

Calorie Totali: 265

Vitamine: Vitamina A 128µg, Vitamina C 122.1mg, Vitamina B-6 0.409mg, Vitamina E 2.38mg, Vitamina K 12.1µg, Calcio 68mg, Ferro 0.72mg

Minerali: Rame 0.319mg, Magnesio 41mg, Fosforo 68mg, Selenio 1.9µg, Zinco 0.31mg

3. Mela Succo Magico

Questo è un altro delizioso succo che ti aiuterà a migliorare il tuo stile di vita, e accelerare la velocità con cui si perde peso. Le carote combattono il grasso grazie al loro contenuto di fibre, più della metà è fibra solubile e pectato di Calcio. Questo aiuta i livelli nel sangue di colesterolo, eliminando acidi biliari. Alla fine, il colesterolo sarà aiutato dal flusso sanguigno per creare più acidi biliari, e questo abbassa il colesterolo stesso. Aiuta anche ad eliminare i liquidi in eccesso dal corpo. Goditi questo succo e includilo nella tua routine quotidiana. Ti darà risultati positivi.

- Mele : Prevengono la demenza
- Carote: Prevengono l'ictus
- Radice di zenzero: Controlla il battito cardiaco
- Limone: Previene la crescita e la moltiplicazione di batteri patogeni
- Mango: Ti aiuta per il diabete

Ingredienti:

- Mele - 1 media dimensione 180g
- Carote - 2 media dimensione 112g

- Radice di zenzero - 1/2 pollice 10g

- Limone (senza buccia) - 1/2 frutto 25g

- Mango (senza buccia) – 1/2 frutto 70 g

Come preparare:

- **Lava tutti gli ingredienti. Pelali se necessario.**

- **Spremili tutti assieme per ottenere un'ottima bibita.**

Calorie Totali: 161

Vitamine: Vitamina A 521µg, Vitamina C 17.9mg, Calcio 30mg, Ferro 0.53mg, Vitamina B-6 0.212mg, Vitamina E 1.02mg, Vitamina K 12.9µg

Minerali: Rame 0.114mg, Magnesio 21mg, Fosforo 54mg, Selenio 0.1µg, Zinco 0.25mg

4. Succo per incrementare la perdita di peso

Ecco una ricetta semplice succo di frutta, ma molto efficace per la perdita di peso. Cavolo non viene consumato quanto dovrebbe essere. E 'una grande fonte di Vitamina C, e ha un alto contenuto di fibre. Le pere sono anche una buona fonte di fibre. Studi hanno dimostrato che se si mangia più di tre pere al giorno, si consumano meno calorie e si perde più peso. Essi hanno anche un veramente alto livello di fruttosio e glucosio; ciò fornisce una fonte naturale di energia. Pere contengono boro e questo aiuta il corpo a mantenere Calcio, rendendo più sano. E 'una grande ricetta per voi e la vostra famiglia.

- Mela: Riduce il rischio di diabete
- Cavolo: Aiuta a ridurre la pressione sanguigna
- Limone: Aiuta a curare il comune raffreddore
- Pere: Prevengono il cancro

Ingredienti:

- Mela- 1 media dimensione 180 g
- Cavolo (rosso) - 3 foglie 72g
- Limone (con buccia) - 1/2 frutto 27g

- Pere - 2 media dimensione 346g

Come preparare:

- **Lava tutti gli ingredienti. Pelali se necessario.**
- **Spremili tutti assieme per ottenere un'ottima bibita.**

Calorie Totali: 205

Vitamine: Vitamina A 29µg, Vitamina C 48.1mg, Thiamin 0.059mg, Vitamina B-6 0.213mg, Vitamina E 0.3mg, Vitamina K 33.6µg, Calcio 52mg

Minerali: Rame 0.203mg, Magnesio 27mg, Fosforo 50mg, Selenio 0.6µg, Zinco 0.3mg

5. Succo Super Spinaci

Gli spinaci sono una grande fonte di fibra per il nostro sistema digestivo. Si tratta di un detergente che rimuove i rifiuti che si sono accumulati nel corso del tempo nel tratto digestivo. Hanno un effetto lassativo sul corpo, ma anche migliorano tutto il tratto intestinale. Il limone è sempre stato un ottimo ingrediente quando si cerca di perdere peso, così come le mele, in quanto aiutano a ridurre il colesterolo. Si tratta di un delizioso succo che si può bere in qualsiasi momento.

- Sedano: Ti aiuta a calmarti

- Limone: aiuta nella produzione di succhi gastrici

- Pere: Aiutano a costruire il sistema immunitario

- Arancia: Regola la pressione alta

- Spinaci: Mantiene la pelle e capelli sani

- Mele: Abbassano il colesterolo cattivo

Ingredienti:

- Sedano – 3 gambi, grandi dimensioni 206g
- Limone (senza buccia) – ½ frutto 25g
- Pera- 1 media dimensione 170g

- Arancia (senza buccia) – 1 grandi dimensioni 180g
- Spinaci – 4 manciate 100g
- Mele – 2 media dimensione 350g

Come preparare:

- **Lava tutti gli ingredienti. Pelali se necessario.**
- **Spremili tutti assieme per ottenere un'ottima bibita.**

Calorie Totali: 243

Vitamine: Vitamina A 406µg, Vitamina C 107.2mg, Calcio 219mg, Ferro 3.16mg, Colina 45.9mg, Vitamina B-6 0.56mg, Vitamina K 413.5µg

Minerali: Rame 0.253mg, Magnesio 114mg, Fosforo 121mg, Selenio 1.3µg, Zinco 0.67mg

6. Fantastico succo fresco

Se la perdita di peso è il tuo obiettivo, prova questa ricetta succosa. Ti spingerà nella direzione giusta. Le barbabietole sono un ottimo modo per purificare il sangue, e rafforzare la cistifellea e il fegato. Le carote aiutano il fegato a purificarsi e liberare più bile, e allo stesso tempo rafforzerà il sistema immunitario, donando un corpo sano. Esse contengono anche beta-carotene, che è noto per ridurre il rischio di diversi tumori. I nutrienti contenuti in questo succo ti forniranno un sacco di fibra, e può facilmente sostituire un pasto se necessario, ma con il vantaggio di avere meno calorie. Si tratta di una deliziosa ricetta da aggiungere nella tua vita quotidiana.

• Barbabietola: supporto alla disintossicazione

• Banana: riduce il rischio di leucemia

• Carote: migliorano la vista

• Peperoni: Prevengono l'emicrania

Ingredienti:

- Radice di barbabietola - 1/2 barbabietola 40g
- Banana – 1 media dimensione 150g
- Carote - 3 grandi dimensioni 206g

- Peperone (dolce rosso) - 1/2 media dimensione 54g

Come preparare:

- **Lava tutti gli ingredienti. Pelali se necessario.**
- **Spremili tutti assieme per ottenere un'ottima bibita.**

Calorie Totali: 85

Vitamine: Vitamina A 1128µg, Vitamina C 59.5mg, Calcio 51mg, Colina 13.4mg, Folato 61µg, Vitamina B-6 0.319mg, Vitamina E 1.27mg

Minerali: Rame 0.047mg, Magnesio 25mg, Fosforo 65mg, Selenio 0.3µg, Zinco 0.46mg

7. Fontana di vita

Questa è una ricetta sana e appetitosa che ti aiuterà a perdere peso. Le barbabietole sono molto utili per aiutare il fegato per purificare, questo significa che il fegato aiuterà a metabolizzare il grasso in modo più efficace. Il fegato otterrà un ulteriore impulso dalle carote, in quanto hanno caratteristiche potenti per disintossicarlo. Esse inoltre eliminano i liquidi in eccesso che si trovavano nel corpo. Le arance hanno circa 59 calorie per frutto; sono senza grassi e ricche di fibre. Aiutano davvero a perdere i chili in più. Solo buoni risultati possono venire bevendo questo succo.

- Mela: Potente antiossidante naturale

- Radice di barbabietola: Combatti l'infiammazione

- Carote: riducono il rischio di cancro al polmone

- Prezzemolo: Eccellente purificatore del sangue

- Arancia: Fornisce carboidrati intelligenti

Ingredienti:

- Mela - 1 media dimensione 180g

- Radice di barbabietola - 1/2 barbabietola 40g

- Carote - 3 media dimensione 170g

- Prezzemolo - 1 manciate 40g
- Arancia (senza buccia) - 1 media dimensione 140 g

Come preparare:

- **Lava tutti gli ingredienti. Pelali se necessario.**
- **Spremili tutti assieme per ottenere un'ottima bibita.**

Calorie Totali: 110

Vitamine: Vitamina A 1012µg, Vitamina C 34.8mg, Calcio 109mg, Ferro 2.38mg, Vitamina B-6 0.14mg, Vitamina E 1.24mg, Vitamina K 305.2µg

Minerali: Rame 0.127mg, Magnesio 32mg, Fosforo 88mg, Selenio 0.4µg, Zinco 0.67m

8. Banana Succo Max

Vediamo se questo delizioso succo si adatta alle tue esigenze. La cosa grandiosa dei succhi di frutta è che ti danno tutti i nutrienti necessari. L'idea è che si mangia di meno e c'è meno desiderio di cibo spazzatura. Il sedano ha un alto contenuto di calcio, e aiuta a controllare la pressione alta. Non dimentichiamo che lo zenzero aiuta digerire i cibi grassi, e l'aggiunta di succo di Limone a qualsiasi bevanda contribuirà ad accelerare la perdita di peso. Goditi questo succo ogni volta che vuoi. Può facilmente sostituire qualsiasi spuntino.

- Banana: Supporta la salute del cuore

- Cavolo: ricco di zolfo, il minerale che abbellisce

- Sedano: contiene buoni sali

- Aceto di sidro: uccide gli agenti patogeni, tra cui i batteri

- Radice di zenzero: controlla la pressione arteriosa

- Uva: per ridurre il rischio di cancro

Ingredienti:

- Banana (senza buccia) – 1 media dimensione 150g

- Cavolo (rosso) – ¼ testa, media dimensione 201 g

- Sedano – 2 gambi, 142g

- Aceto di sidro (Mela) – 1 cucchiaio 14.9g

- Radice di zenzero – 1 pollice 24g

- Uva – 14 chicci 80g

Come preparare:

- **Lava tutti gli ingredienti. Pelali se necessario.**

- **Spremili tutti assieme per ottenere un'ottima bibita.**

Calorie Totali: 130

Vitamine: Vitamina A 108µg, Vitamina C 98mg, Vitamina B-6 0.429mg, Vitamina E 0.64mg, Vitamina K 74.3µg, Niacina 1.202mg, Calcio 142mg

Minerali: Rame 0.211mg, Magnesio 54mg, Fosforo 107mg, Selenio 1.2µg, Zinco 0.4mg

9. Succo ghiacciato

Il nostro stile di vita moderno ci fa prendere le decisioni sbagliate molte volte quando si tratta di dieta. Ecco una ricetta che richiede solo pochi minuti di preparazione, e ti farà iniziare la giornata in modo sano. Le pesche sono basse di calorie, in modo che possano aiutare a rispettare una dieta ipocalorica. I semi di basilico sono una grande fonte di fibra, e hanno una reputazione per i loro benefici sulla perdita di peso.

- Basilico: riduce l'infiammazione e gonfiore

- Carote: sono un potente antisettico

- Pesche: Minor rischio di cancro

- Mela: protegge le cellule neuronali contro lo stress ossidativo

Ingredienti:

- Basilico (fresco) - 3 foglie 1.5g

- Carote - 14 media dimensione 854g

- Pesche - 5 media dimensione 750g

- Mela -1 media dimensione 180 g

Come preparare:

- **Lava tutti gli ingredienti. Pelali se necessario.**
- **Spremili tutti assieme per ottenere un'ottima bibita.**

Calorie Totali: 352

Vitamine: Vitamina A 4079µg, Vitamina C 75mg, Calcio 208mg, Vitamina B-6 0.911mg, Vitamina E 5.83mg, Vitamina K 76.9µg, Colina 56.2mg

Minerali: Rame 0.621mg, Magnesio 102mg, Fosforo 290mg, Selenio 1.1µg, Zinco 2.25mg

10. Succo di frutta espresso

Questo è un grande succo che vi aiuterà a cadere libbre o chili e aumentare la tua energia. Il Ingredienti utilizzati in questa ricetta vi aiuterà con la digestione, stimolando i succhi gastrici, e abbassare il colesterolo. Se si consumano due Mele al giorno, abbassa il colesterolo di ben il 17 per cento, in modo che la dice lunga. Non dimentichiamo di dire che è pieno di sostanze nutritive, e le calorie consumate sono piuttosto bassi. Così si ottiene lo stesso risultato di un pasto, ma in realtà si consumano meno calorie. E 'sicuramente l'ideale per la perdita di peso.

- Mele: ridurre il rischio di ictus trombotico

- Carote: purificano il corpo

- Limone: rafforza il fegato

- Pesche: supportano la salute del cuore

- Banana: per la pressione arteriosa bassa

Ingredienti:

- Mele - 1 grandi dimensioni 200g

- Carote – 8 media dimensione 500g

- Limone (senza buccia) - 1/2 frutto 40g

- Pesche - 2 grandi dimensioni 300g
- Banana (senza buccia) - 1 media dimensione 150g

Come preparare:

- **Lava tutti gli ingredienti. Pelali se necessario.**
- **Spremili tutti assieme per ottenere un'ottima bibita.**

Calorie Totali: 410

Vitamine: Vitamina A 3128µg, Vitamina C 109.8mg, Calcio 194mg, Vitamina B-6 0.819mg, Vitamina E 4.44mg, Vitamina K 54.3µg, Colina 55.7mg

Minerali: Rame 0.412mg, Magnesio 94mg, Fosforo 206mg, Selenio 1.2µg, Zinco 1.37mg

11. Succo dorato

Questo è il succo perfetto per te se sei alla ricerca di qualcosa per aiutarti ad avere una taglia in meno. Uno dei vantaggi dell'utilizzo di cavolo è che fornisce in un pugno un apporto nutrizionale di grandi dimensioni con poche calorie per tazza. Il sedano aiuta a calmare il nervosismo perché ha un alto contenuto di Calcio e ti aiuterà nel controllo della pressione sanguigna. Si abbassano anche i livelli di colesterolo a causa della pectina che può essere trovata nelle mele, quindi questo succo può trasformarsi in un vero amico, mentre perdi peso.

- Mela: Riduce il rischio di sviluppare il cancro, il diabete e malattie cardiache.

- Sedano: Offre sino al 10 per cento del fabbisogno giornaliero di Vitamina A

- Cetriolo: Aiuta a prevenire il diabete, riduce il colesterolo, e controlla la pressione del sangue.

- Radice di zenzero: Molto efficace nell'alleviare i sintomi di disturbi gastrointestinali

- Cavolo: è un alimento altamente anti-infiammatorio

- Limone: aiuta il tuo Sistema immunitario

Ingredienti:

- Mele - 2 media dimensione   364g
- Sedano - 2 gambi, 128g
- Cetriolo - 1 cetriolo 290g
- Radice di zenzero - 1 pollice 20g
- Cavolo - 4 foglie (8-12") 120g
- Limone - 1/2 frutto 40g

Come preparare:

- **Lava tutti gli ingredienti. Pelali se necessario.**
- **Spremili tutti assieme per ottenere un'ottima bibita.**

Calorie Totali: 215

Vitamine: Vitamina B-6 0.77mg, Vitamina E 1.09mg, Niacina 2.637mg, Thiamin 0.315mg, Vitamina K 1128.7µg

Minerali: Rame 2.47mg, Magnesio 119mg, Fosforo 207mg, Zinco 1.65mg

12. Succo energizzante

Se stavi cercando un succo che ti aiuterà con la dieta o perdita di peso, dovresti considerare questo. Le barbabietole sono un ottimo modo per purificare non solo il sangue, ma anche il fegato, ed è una grande cosa perché aiuta a metabolizzare il grasso, per eliminarlo velocemente. Le carote eliminano i liquidi in eccesso dal corpo, così la ritenzione idrica è ridotto, soprattutto per le donne. Otterrai una sferzata di energia per l'alto contenuto di fibre, e sarà un modo sano per alimentare il tuo corpo.

- Radice di barbabietola: ottimo per aumentare la tua capacità di resistenza

- Cavolo: pieno di Vitamina K, aiuta con la funzione mentale e la concentrazione

- Carote: per prevenire le malattie cardiache

- Limone: interpreta il ruolo di depuratore del sangue

- Arancia: protegge la pelle

- Ananas: impedisce l'asma

- Spinaci: Una delle migliori fonti di potassio nella dieta

Ingredienti:

- Radice di barbabietola - 1 barbabietola 155g
- Cavolo (rosso) - 2 foglie 40g
- Carote - 2 media dimensione 143g
- Limone - 1/2 frutto 40g
- Arancia - 1 frutto 121g
- Ananas - 1/3 frutto 206g
- Spinaci - 2 manciate 50g

Come preparare:

- **Lava tutti gli ingredienti. Pelali se necessario.**
- **Spremili tutti assieme per ottenere un'ottima bibita.**

Calorie Totali: 195

Vitamine: Vitamina B-6 0.60mg, Vitamina E 1.58mg, Vitamina K 149.6µg, Colina 43.8mg, Folato 261µg, Niacina 2.136mg

Minerali: Rame 0.317mg, Magnesio 97mg, Fosforo 131mg, Selenio 2.1µg, Zinco 1.22mg

13. Succo rinfrescante

Le barbabietole aiutano a disintossicare il corpo, infatti questo succo di frutta è l'ideale per un programma di perdita di peso. Bere succo di Limone aiuta a rilassare la mente e il corpo, riducendo lo stress. Le carote fanno un lavoro fantastico per aumentare la produzione di globuli bianchi, e aiutano a costruire un sistema immunitario più forte, per un corpo più forte.

- Mele: sono estremamente ricche di antiossidanti importanti

- Radice di barbabietola: ha effetti anti -Cancro

- Carote: Alto livello di beta-carotene come antiossidante per prevenire i danni cellulari

- Limone: stimola la produzione di succhi gastrici

- Arancia: Combatte contro le infezioni virali

Ingredienti:

- Mela – 1 media dimensione 152g

- Radice di barbabietola – 1 barbabietola 165g

- Carote – 10 media dimensione 560g

- Limone – ½ frutto 40g

- Arance (senza buccia) – 2 frutti 242g

Come preparare:

- **Lava tutti gli ingredienti. Pelali se necessario.**
- **Spremili tutti assieme per ottenere un'ottima bibita.**

Calorie Totali: 275

Vitamine: Vitamina B-6 0.945mg, Vitamina E 4.01mg, Vitamina K 60.8µg, Colina 71.4mg, Folato 233µg, Niacina 5.101mg

Minerali: Rame 0.40mg, Magnesio 107mg, Fosforo 243mg, Selenio 2.3µg, Zinco 1.81mg

14. Succo di Limone gustoso

L'aggiunta di succo di Limone ad una bevanda contribuirà ad aumentare la perdita di peso. Questa ricetta è l'ideale per una dieta dimagrante. I limoni aiutano il controllo della pressione sanguigna alta e sono anche una grande fonte di Vitamina C. Va servito dopo cena e combinato con uno stile di vita attivo. Tutti questi Ingredienti ti aiuteranno a ridurre il colesterolo, e risolveranno tutti i tuoi problemi di indigestione.

- Mirtilli: neutralizzano I radicali liberi che causano l'invecchiamento
- Limone: aiuta a bilanciare I livelli di calcio e ossigeno
- Melograno: rigenera le cellule

Ingredienti:

- Mirtilli - 1 tazza 128g
- Limone - 1/4 frutto 20g
- Melograno - 1 Melograno (262g

Come preparare;

- **Lava tutti gli ingredienti.**

- **Il melograno può essere aggiunto con la membrana, si risparmia un po' di tempo, e il gusto sarà ancora grande.**

- **Spremili tutti assieme per ottenere un'ottima bibita.**

Calorie Totali: 168

Vitamine: Vitamina A 3μg, Vitamina C 27mg, Vitamina B-6 0.209mg, Vitamina E 1.6mg, Vitamina K 49.4μg, Colina 21mg, Folato 63μg

Minerali: Rame 0.346mg, Magnesio 28mg, Fosforo 76mg, Selenio 1.2μg, Zinco 0.57mg

15. Succo per sentirsi vivi

Questo è un meraviglioso succo per quelli che amano mentuccia. Lo zenzero gioca un ruolo importante nel ridurre il colesterolo LDL, in quanto un pizzico riduce l'intero apporto di colesterolo che viene assorbito. Aiuta anche con la digestione dei cibi grassi e per abbattere le proteine. Le arance hanno un effetto alcalino nel sistema digestivo che stimola i succhi digestivi, in modo da ottenere un metabolismo più attivo. Fai un tentativo. Esso ti aiuterà a sbarazzarti di quei chilogrammi difficili da perdere.

- Finocchio bulbi: ha buoni livelli di elettroliti potassio amici del cuore

- Radice di zenzero: Contiene salute beneficiando oli essenziali

- Limone: Riequilibra e mantiene i livelli di pH nel corpo

- Arancia: riduce il rischio di cancro al fegato

- Mentuccia: Inibisce la crescita del cancro alla prostate

Ingredienti:

- Fennel Bulb (whole with fronds) - 1 bulb 200g

- Radice di zenzero - 1/2 pollice 14g
- Limone - 1/2 frutto 25g
- Arancia (senza buccia) - 1 grandi dimensioni 160g
- Mentuccia - 5 foglie 0.25g

Come preparare:

- **Lava tutti gli ingredienti. Pelali se necessario.**
- **Spremili tutti assieme per ottenere un'ottima bibita.**

Calorie Totali: 84

Vitamine: Vitamina A 14µg, Vitamina C 79.4mg, Vitamina B-6 0.144mg, Folato 66µg, Niacina 1.358mg, Riboflavina 0.101mg

Minerali: Rame 0.173mg, Magnesio 36mg, Fosforo 96mg, Selenio 2mg, Zinco 0.41mg

16. Succo di Mela per il cuore

Questo succo ti aiuterà a essere più sano e perdere peso allo stesso tempo. I nutrienti dei succhi di frutta sono facilmente assorbiti dal nostro corpo in modo da aumentare il metabolismo più veloce. Le mele aiutano a ridurre il colesterolo grazie alla pectina che contengono. I limoni sono sempre grandi quando si cerca di eliminare il grasso nel corpo. Basta pensare a questo succo di frutta come un amico che vuole aiutarti a perdere peso.

- Mela: previene il cancro al seno
- Lamponi: ridurre il rischio di malattie cardiovascolari
- Radice di zenzero: ha effetti anti-infiammatori
- Limone: impedisce la formazione di rughe e acne

Ingredienti:

- Mele - 3 media dimensione 500g
- Cranberries - 1/2 tazza 50g
- Radice di zenzero - 1/4 pollice 6g
- Limone - 1/2 frutto 42g

Come preparare:

- **Lava tutti gli ingredienti. Pelali se necessario.**
- **Spremili tutti assieme per ottenere un'ottima bibita.**

Calorie Totali: 204

Vitamine: Vitamina A 23µg, Vitamina C 101.5mg, Ferro 0.68mg, Vitamina B-6 0.214mg, Vitamina E 1.19mg, Vitamina K 9.2µg, Calcio 76mg

Minerali: Rame 0.193mg, Magnesio 35mg, Fosforo 61mg, Selenio 0.7µg, Zinco 0.25mg

17. Succo per ogni momento

Perdere grasso è il risultato di bere succhi di frutta naturali, ed ecco una ricetta che ti piacerà molto. Il più grande vantaggio dello zenzero è che ti aiuterà a digerire cibi grassi e abbattere le proteine. Gli spinaci hanno un alto contenuto di fibre, in modo da aiutare a ottenere più energia per meno calorie. Il sedano è considerato da molti un alimento primo di calorie e con l'aggiunta di sedano alla vostra dieta, aumenterai i risultati, senza tanta fatica. Gusta, assapora, e lasciati aiutare con la tua lotta quotidiana contro il peso.

- Mele: riducono il rischio di ictus
- Sedano: aiuta la digestione
- Cetriolo: Allevia l'alito cattivo
- Radice di zenzero: ha effetti anti-microbici
- Limone: Mantiene alta la salute degli occhi
- Lime: Eccellente riduttore del peso
- Spinaci: per la prevenzione del cancro

Ingredienti:

- Mele - 2 media dimensione 350g

- Sedano - 3 gambi, grandi dimensioni 182g
- Cetriolo - 1 cetriolo 300g
- Radice di zenzero - 1/2 pollice 10g
- Limone (con scorza) - 1/2 frutto 41g
- Lime (con scorza) - 1 frutto 65g
- Spinaci- 2 tazze 50g

Come preparare:

- **Lava tutti gli ingredienti. Pelali se necessario.**
- **Spremili tutti assieme per ottenere un'ottima bibita.**

Calorie Totali: 185

Vitamine: Vitamina A 648µg, Vitamina C 198.9mg, Calcio 304mg, Vitamina B-6 0.422mg, Vitamina E 2.39mg, Vitamina K 1904.6µg, Niacina 2.607mg

Minerali: Rame 0.395mg, Magnesio 129mg, Fosforo 201mg, Selenio 1.9µg, Zinco 2.04mg

18. Limonata con la mela

Bere succo è un ottimo modo per avere i nutrienti concentrati nel nostro corpo. Il prossimo succo è un grande, aiuta la nostra funzione del sistema digestivo con la pulizia di stomaco e reni, e che alla fine porta ad un corpo più forte. Questo succo abbasserà il colesterolo grazie ai particolari ingredienti di cui è composto. Il succo di Anguria impedisce l'intasamento delle arterie e allo stesso tempo aumenta l'HDL, che è il colesterolo buono. Questo è un grande succo da bere prima di qualsiasi esercizio di routine, è un'ottima fonte di energia.

- Limone: stimola la produzione di succhi digestivi

- Pomodoro: Mantiene la pressione sanguigna bassa

- Anguria: impedisce l'asma

- Mela: Migliora la salute neurologica

Ingredienti:

- Limone - 1/2 frutto 40g

- Pomodoro - 1 grande intero 171g

- Anguria - 1 grande fetta 560g

- Mela – 1 media dimensione 175g

Come preparare:

- **Lava tutti gli ingredienti. Pelali se necessario.**
- **Spremili tutti assieme per ottenere un'ottima bibita.**

Calorie Totali: 135

Vitamine: Vitamina A 176µg, Vitamina C 68.5mg, Vitamina B-6 0.326mg, Vitamina E 0.98mg, Vitamina K 11.5µg, Calcio 58mg, Ferro 1.70mg

Minerali: Rame 0.264mg, Magnesio 57mg, Fosforo 69mg, Selenio 1.6µg, Zinco 0.61mg

19. Succo verde potente

I Succhi di frutta sono un ottimo modo per mantenere il nostro corpo sano e ci aiutano a metterci in forma. Ogni volta che si mescolano cibi come verdure o frutti, diventano incredibilmente più facili da assorbire. Significa che tutti i nutrienti vitali saranno assorbiti nel corpo a un ritmo più veloce rispetto alle Vitamine o altri integratori. Le carote eliminano i liquidi in eccesso dal corpo, grazie alla Vitamina A e al beta-carotene, possono ridurre il rischio di diversi tumori. E 'un ottimo modo per proteggere e nutrire il vostro corpo con un solo drink.

- Mela: abbassa i livelli di colesterolo cattivo

- Cavolo: aiuta a disintossicare il corpo

- Carote: prevengono le malattie cardiache

- Radice di zenzero: Contiene oli essenziali a beneficio della salute

- Spinaci: contribuiscono alla salute delle ossa

Ingredienti:

- Mele - 2 media dimensione 364g

- Cavolo (rosso) - 1/4 testa, 140g

- Carote - 4 media dimensione 244g
- Radice di zenzero - 1/2 10g
- Spinaci- 4 manciate 100g

Come preparare:

- **Lava tutti gli ingredienti. Pelali se necessario.**
- **Spremili tutti assieme per ottenere un'ottima bibita.**

Calorie Totali: 200

Vitamine: Vitamina A 1818µg, Vitamina C 120mg, Vitamina B-6 0.73mg, Vitamina E 3.2mg, Vitamina K 404.1µg, Calcio 198mg, Niacina 2.936mg

Minerali: Rame 0.288mg, Magnesio 111mg, Fosforo 161mg, Selenio 1.7µg, Zinco 1.15mg

20. Inizio di giornata

Le persone hanno un serio bisogno di una sana alternativa nei confronti di cibi artificiali e trasformati. Troppe persone aumentano di peso, perché non possono controllare quanto mangiano. Alcuni composti proteici donano benefici nel ridurre la pressione arteriosa alta. La pectina nelle mele, pere e carote abbassa i livelli di colesterolo pure. Lo zenzero aumenta la circolazione del sangue, e grazie a questa grande mistura, si ottiene una quantità elevata di fruttosio e glucosio, assicurandosi di avere l'energia necessaria per affrontare una giornata. Questo succo può essere goduto al mattino o dopo cena; si tratta di una bevanda eccellente quando si cerca di mangiare il contenuto dei prodotti alimentari di qualità.

• Mela: Riduce il rischio di diabete

• Carote: per mantenere una pelle sana e calda

• Cetriolo: riduce il colesterolo e controlla la pressione del sangue

• Radice di zenzero: aiuta a migliorare la motilità intestinale

• Pera: ottima per la salute del colon

• Spinaci: previene la stitichezza e promuovere un apparato digerente sano

Ingredienti:

- Mela - 1 media dimensione 180g
- Carote - 5 media dimensione 300g
- Cetriolo - 1 cetriolo 300g
- Radice di zenzero - 1 pollice 24g
- Pera - 1 media dimensione 165g
- Spinaci - 2 manciate 50g

Come preparare:

- **Lava tutti gli ingredienti. Pelali se necessario.**
- **Spremili tutti assieme per ottenere un'ottima bibita.**

Calorie Totali: 211

Vitamine: Vitamina A 1863µg, Vitamina C 60.9mg, Vitamina B-6 0.545mg, Vitamina E 2.37mg, Vitamina K 220.1µg, Calcio 151mg, Ferro 2.8mg

Minerali: Rame 0.408mg, Magnesio 104mg, Fosforo 164mg, Selenio 1.2µg, Zinco 1.28mg

21. Sedano semplice

La spremitura è veramente l'arte di estrarre il liquido e le sostanze nutrienti da qualsiasi Frutto o vegetale. Essa contribuisce a creare energia e vitalità come poche pillole possono offrire. Questa ricetta migliorerà la velocità con cui si perde peso, e allo stesso tempo ti darà tutte le Vitamine e Minerali di cui il corpo ha bisogno ogni giorno. Il corpo umano è composto da circa il 75% di acqua, quindi per una corretta funzione corporea, la digestione e la disintossicazione, la dose giornaliera raccomandata è di circa 2,5 litri. L'acqua è un forte elemento quando si cerca di eliminare il peso, e bisogna concentrarsi a berne molta. Bevendo questo succo, si ottiene una parte concentrata dei requisiti liquidi quotidiani di cui il tuo corpo ha bisogno, con sostanze nutritive e fibre che ti forniranno una sferzata di energia per tutta la giornata.

- Mele: ridurre il rischio di diabete
- Sedano: Riduce infiammazione
- Tangerine: tagli guarisce, ferite

Ingredienti:

- Mele - 2 grandi dimensioni 440g
- Sedano - 8 gambi, grandi dimensioni 510g

- Tangerine (senza buccia) - 1 piccola 76g

Come preparare:

- **Lava tutti gli ingredienti. Pelali se necessario.**
- **Spremili tutti assieme per ottenere un'ottima bibita.**

Calorie Totali: 180

Vitamine: Vitamina A 101µg, Vitamina C 57.2mg, Calcio 162mg, Vitamina B-6 0.427mg, Vitamina E 1.5mg, Vitamina K 101.7µg, Colina 30mg

Minerali: Rame 0.217mg, Magnesio 61mg, Fosforo 127mg, Selenio 1.3µg, Zinco 0.45mg

22. Pieno di energia

Questo succo ha un'alta concentrazione di potassio e fosforo, che sono necessari per la funzione normale del corpo. Il succo di Pomodoro è un ottimo antiossidante e migliora anche la funzione digestiva. L'elevato contenuto di Vitamina C in questo succo aiuterà a mantenere l'integrità strutturale delle ossa. La cipolla è ottima da utilizzare in qualsiasi ricetta, perché ha un elevato apporto di fibre a basso contenuto calorico di fibre, che è esattamente quello che ti serve, quando la riduzione del grasso nel corpo.

- Cetriolo: Combatte tumori
- Cipolla: distrugge i radicali liberi
- Prezzemolo: Grande immunità ripetitore
- Peperone: aiuta ad alleviare le allergie
- Pomodori: riduce il rischio di cancro alla prostata

Ingredienti:

- Cetriolo - 1 cetriolo 300g
- Cipolla (cipollotto/scalogno) - 1 media dimensione 15g
- Prezzemolo - 1 manciate 40g
- Peperone (dolce rosso) - 1/2 media dimensione 55g

- Pomodori - 2 small whole 180g

Come preparare:

- **Lava tutti gli ingredienti. Pelali se necessario.**
- **Spremili tutti assieme per ottenere un'ottima bibita.**

Calorie Totali: 68

Vitamine: Vitamina A 260µg, Vitamina C 126mg, Calcio 102mg, Vitamina B-6 0.412mg, Vitamina E 2.06mg, Vitamina K 522.6µg, Calcio 90mg

Minerali: Rame 0.252mg, Magnesio 71mg, Fosforo 114mg, Selenio 0.7µg, Zinco 1.12mg

23. Dolci Carote

"Dolci Carote" ti aiuterà a mantenere il corpo sano e perdere peso allo stesso tempo. Il succo di Peperone contribuirà in modo significativo a ridurre il colesterolo. Le carote contengono beta-carotene, che aiuta a ridurre il rischio di cancro. L'elevata quantità di Vitamine e Minerali che si trovano in questo succo sarà sicuramente un accelerante per togliere di grasso e cominciare a vederti più sottile.

- Carote: rifornitori di vitamine giornaliero

- Sedano: stimola la digestione

- Cetriolo: Grande fonte di Vitamina B

- Prezzemolo: Grande costruttore di sangue

- Peperone: aiuta a produrre saliva a causa del cayenne

- Pomodori: L'acido folico può aiutare con la depressione

Ingredienti:

- Carote - 2 grandi dimensioni 144g

- Sedano - 3 gambi, grandi dimensioni 192g

- Cetriolo - 1/2 cetriolo 150.5g

- Prezzemolo - 2 manciate 80g

- Peperone (dolce verde) - 1/2 media dimensione 58g

- Pomodori - 3 media dimensione interi 360g

Come preparare:

- **Lava tutti gli ingredienti. Pelali se necessario.**

- **Spremili tutti assieme per ottenere un'ottima bibita.**

Calorie Totali: 107

Vitamine: Vitamina A 1227µg, Vitamina C 142.3mg, Vitamina B-6 0.642mg, Vitamina E 3.15mg, Vitamina K 1013.3µg, Calcio 212mg, Ferro 5.55mg

Minerali: Rame 0.416mg, Magnesio 105mg, Fosforo 200mg, Selenio 1.1µg, Zinco 1.80mg

24. Lime delizioso

"Lime delizioso" unisce sani frutti e verdure naturali in un'unica bevanda che ti farà sentire pieno di energia e pronto per un nuovo giorno. La pectina nelle Mele può abbassare il colesterolo di ben il 15 per cento. Inoltre, il peperoni aiutano il tuo corpo ad aumentare il metabolismo dei trigliceridi, che farà davvero la differenza quando si perde peso. Si consiglia di consumare questo succo per iniziare la giornata e sentire la differenza per la fine di essa.

- Mele: aiuta a perdere peso

- Coriandolo: Molto ricco di numerosi antiossidanti

- Cetrioli: per l'alito cattivo

- Lime: aiuta a eliminare le tossine

- Peperone: rimedio per il mal di denti

Ingredienti:

- Mele - 2 media dimensione 360g

- Cilantro - 1 grappolo 90g

- Cetrioli - 2 cetrioli 600g

- Lime (con scorza) - 1/2 frutto 30g

- Peperone (Verdi dolci) (senza semi) - 1/2 media dimensione 56g

Come preparare:

- **Lava tutti gli ingredienti. Pelali se necessario.**
- **Spremili tutti assieme per ottenere un'ottima bibita.**

Calorie Totali: 179

Vitamine: Vitamina A 244µg, Vitamina C 79.2mg, Vitamina B-6 0.442mg, Vitamina E 2.1mg, Vitamina K 227.6µg, Calcio 128mg, Ferro 2.68mg

Minerali: Rame 0.419mg, Magnesio 80mg, Fosforo 153mg, Selenio 1.8µg, Zinco 1.25mg

25. Succo coloratissimo

Credo che la perdita di peso può essere una sfida per tutti coloro che non possono controllare come e cosa mangiare, ma con persistenza e una mentalità seria si può ottenere tutto. "Succo coloratissimo" ti aiuterà ad arrivare più vicino al tuo obiettivo. L'asparago contiene 3 grammi di fibre e pulisce rapidamente il sistema digestivo. Quanto a sedano, aiuta a calmare la voglia di dolci, e aiuta a controllare la pressione arteriosa alta. Esso contiene probiotici che stimolano selettivamente la crescita di batteri amichevoli nell'intestino, che aiuteranno la digestione. Non dimentichiamo di menzionare l'elevata quantità di nutrienti che andranno assorbiti in modo facile. Questo succo è un must da bere se sei convinto di rimetterti in forma.

• Asparagi: Grande fonte di sostanze nutritive

• Carote: la Vitamina A aiuta il fegato a scovare le tossine dal corpo

• Sedano: Molto basso nel contenuto di calorie, la scelta ideale per perdere peso

• Mela: Regola lo zucchero nel sangue

Ingredienti:

- Asparagi – 4 gambi, media dimensione 60g

- Carote - 3 grandi dimensioni 216g

- Sedano - 2 gambi, grandi dimensioni 128g

- Mela – 1 media dimensione 180g

Come preparare:

- **Lava tutti gli ingredienti. Pelali se necessario.**

- **Spremili tutti assieme per ottenere un'ottima bibita.**

Calorie Totali: 71

Vitamine: Vitamina A 1259µg, Vitamina C 14.1mg, Calcio 87mg, Ferro 1.40mg, Vitamina B-6 0.302mg, Vitamina E 1.55mg, Vitamina K 61.5µg

Minerali: Rame 0.173mg, Magnesio 31mg, Fosforo 81mg, Selenio 1.3µg, Zinco 0.61mg

26. Succo delle vacanze

La spremitura è un divertente e facile modo per inserire frutta e verdure nella tua dieta. Questa ricetta è sia sana che deliziosa. Un grande vantaggio dell'aggiunta del cavolo nel tuo succo è che fornisce tanti principi nutritivi in pochissime calorie, e questo significa che ti aiuterà a vederti più snello in modo veloce. Il Succo di Limone aiuta a ridurre il colesterolo e a sbarazzarsi del grasso. Si dovrebbe servire questo succo 30 minuti prima di ogni pasto per ottenere il massimo.

• Mele: contengono pectina che abbassa il colesterolo LDL (colesterolo cattivo)

• Sedano: aiuta a controllare la pressione arteriosa alta

• Cetriolo: contiene silice, componente essenziale del tessuto connettivo sano

• Radice di zenzero: migliora gli effetti su alimenti digestivi

• Cavolo: aiuta a sostenere un sistema immunitario sano

• Limone: Aiuta a curare i problemi respiratori

• Arancia: aiuta a stimolare le cellule bianche per combattere le infezioni

Ingredienti:

- Mele - 3 media dimensione 540g
- Sedano - 3 gambi, grandi dimensioni 190g
- Cetriolo - 1/2 cetriolo 150.5g
- Radice di zenzero - 1/2 pollice 10g
- Cavolo - 4 foglie 140g
- Limone - 1 frutto 50g
- Arancia (senza buccia, senza semi) - 1 grandi dimensioni 180g

Come preparare:

- **Lava tutti gli ingredienti. Pelali se necessario.**
- **Spremili tutti assieme per ottenere un'ottima bibita.**

Calorie Totali: 295

Vitamine: Vitamina A 531µg, Vitamina C 212.8mg, Calcio 294mg, Ferro 2.69mg, Vitamina B-6 0.627mg, Vitamina E 1.3mg, Vitamina K 735.8µg

Minerali: Rame 1.664mg, Magnesio 103mg, Fosforo 211mg, Selenio 2.4µg, Zinco 1.19mg

27. Spinaci potenti

"SpinaciPotenti" può sostituire uno spuntino o anche solo una parte della tua colazione, la mattina, se sei davvero affamato. E' una grande fonte di energia e di nutrienti. Per avere un corpo più forte, è necessario stimolare tutte le funzioni del corpo a lavorare in modo efficiente. Le barbabietole hanno dimostrato di contribuire nella purificazione del sangue, e di contribuire a metabolizzare il grasso. Non dimentichiamo che sono ad alto contenuto di carboidrati ovvero una grande fonte di energia. Il Sedano è una grande fonte di Vitamina C ed è ricco di fibre, importanti per il corpo.

• Mele: abbassano il rischio di sviluppare il cancro ai polmoni

• Radice di barbabietola: è un grande trattamento utilizzato per la leucemia

• Carote: il Consumo beta-carotene riduce il rischio di diversi tumori

• Spinaci: Rallenta la divisione delle cellule cancerose, nel cancro della mammella

Ingredienti:

• Mela - 1 media dimensione 180g

- Radice di barbabietola - 1 barbabietola 175g
- Carote - 8 media dimensione 480g
- Spinaci - 3 tazze 90g

Come preparare:

- **Lava tutti gli ingredienti. Pelali se necessario.**
- **Spremili tutti assieme per ottenere un'ottima bibita.**

Calorie Totali: 190

Vitamine: Vitamina A 3074µg, Vitamina C 50.5mg, Calcio 218mg, Vitamina B-6 0.765mg, Vitamina E 3.05mg, Vitamina K 368.6µg, Ferro 4.01mg

Minerali: Rame 0.373mg, Magnesio 125mg, Fosforo 215mg, Selenio 2.1µg, Zinco 1.35mg

28. Fornitore di salute

Per vivere meglio e di sentirsi bene hai bisogno di stare lontano dal cibo spazzatura. Questo succo fornirà al corpo un sacco di sostanze nutritive di cui ha bisogno. Fai questo succo al mattino come una grande fonte di energia, e che contribuirà a mantenere il metabolismo attivo per l'intera giornata. Il contenuto del succo di barbabietole è un ottimo modo per disintossicare l'intero sistema digestivo. Una carota al giorno riduce il rischio di ictus del 68 per cento e questo dovrebbe farti pensare un attimo prima di saleare le verdure. Le alte quantità di sostanze nutritive fanno di questo succo di un ottimo modo per alimentare il tuo corpo per tutta la giornata e per accompagnati da cibo sano.

• Mela: Può proteggere le cellule cerebrali dai danni dei radicali liberi che porta alla malattia di Alzheimer.

• Radice di barbabietola: fonte unica di betaina, una sostanza nutritiva che aiuta le cellule che proteggono

• Carote: L'alto livello di beta-carotene come antiossidante al danno cellulare

• Sedano: Regola l'equilibrio alcalino del corpo

• Radice di zenzero: Aiuta con problemi di artrite-correlati

• Cetriolo: Reidrata il corpo e riempie Vitamine

Ingredienti:

- Mele - 2 media dimensione 360g
- Radice di barbabietola - 1 barbabietola 175g
- Carote - 4 media dimensione 240g
- Sedano - 3 gambi, 192g
- Radice di zenzero - 1/2 pollice 10g
- Cetriolo - 1/2 cetriolo 150g

Come preparare:

- **Lava tutti gli ingredienti. Pelali se necessario.**
- **Spremili tutti assieme per ottenere un'ottima bibita.**

Calorie Totali: 215

Vitamine: Vitamina A 1370µg, Vitamina C 34.2mg, Vitamina B-6 0.557mg, Vitamina E 2.04mg, Vitamina K 83.1µg, Calcio 160mg, Ferro 2.40mg

Minerali: Rame 0.327mg, Magnesio 84mg, Fosforo 167mg, Selenio 1.6µg, Zinco 1.25mg

29. Buona vita

"Buona vita" è di vitale importanza per mantenere una buona salute e può migliorare la tua perdita di peso. E' facile da preparare e si ottiene il massimo beneficio quando tutti gli ingredienti sono freschi. Le barbabietole sono grandi carburanti per il nostro corpo, contenenti elevate quantità di fibra essenziali al corpo. La spirulina contiene tutti gli aminoacidi essenziali di cui il corpo ha bisogno, che sarà sicuramente una grande spinta quando si cerca di dimagrire.

- Radice di barbabietola: utile per aiutare a pulire il fegato

- Sedano: Protegge gli occhi e previene la degenerazione della vista legata all'età

- Spinaci: Alto livello di Ferro li rende grandi aiuti per il sangue

- Spirulina: aumenta la resistenza e l'immunità

Ingredienti:

- Radice di barbabietola - 1 barbabietola 175g

- Sedano - 2 gambi, grandi dimensioni 128g

- Spinaci - 3 tazze 90g

- Spirulina (secca) - 1 cucchiaino 2.31g

Come preparare:

- **Lava tutti gli ingredienti. Pelali se necessario.**
- **Spremili tutti assieme per ottenere un'ottima bibita.**

Calorie Totali: 52

Vitamine: Vitamina A 308µg, Vitamina C 23.7mg, Vitamina B-6 0.257mg, Vitamina E 1.45mg, Vitamina K 311.1µg, Calcio 110mg, Ferro 3.12mg

Minerali: Rame 0.291mg, Magnesio 90mg, Fosforo 100mg, Selenio 2µg, Zinco 0.78m

30. Rollini di Barbabietola

Succhi di frutta sono stati intorno per molto tempo e sono uno dei modi migliori per assorbire tutti i nutrienti che frutti e le verdure hanno da offrire. "Tirate la Barbabietola" è semplice da preparare e grazie al basso apporto calorico, vedrete grandi risultati subito dopo berlo. Il momento migliore della giornata per bere è la mattina in modo da poter iniziare la giornata con una grande spinta di energia per mantenere attiva.

- Radice di barbabietola: abbassa la pressione sanguigna in un breve periodo di tempo

- Carota: Grande fonte di beta-carotene

- Arance: Lottano contro le infezioni virali

Ingredienti:

- Radice di barbabietola - 1 barbabietola 170g

- Carote - 2 media dimensione 120g

- Arance - 2 frutti 262g

Come preparare:

- **Lava tutti gli ingredienti. Pelali se necessario.**

- **Spremili tutti assieme per ottenere un'ottima bibita.**

Calorie Totali: 115

Vitamine: Vitamina A 726µg, Vitamina C 104.6mg, Vitamina B-6 0.29mg, Vitamina E 0.84mg, Vitamina K 11.1µg, Calcio 111mg, Ferro 1.40mg

Minerali: Rame 0.211mg, Magnesio 55mg, Fosforo 102mg, Selenio 1.7µg, Zinco 0.73mg

31. Pugno di vita

Quando si è di fretta, è facile essere tentati di acquistare i cibi in scatola o preconfezionati anche perché sono semplici da raggiungere al supermercato e facili da preparare. Ma facile non è sempre il modo migliore per vivere a lungo termine. Il modo più semplice di fare uno spuntino quotidiano sano che fornisce tutte le Vitamine è il succo, e questo succo è ricco di ingredienti vitali che miglioreranno il sistema immunitario e riempiranno il tuo corpo donando quello di cui ha bisogno per funzionare correttamente e in modo efficiente.

- Radice di barbabietola: previene il cancro
- Carote: Ottimo modo di proteggere la pelle dal sole
- Sedano: Aiuta la digestione, aumenta la perdita di peso
- Radice di zenzero: ha effetti anti-infiammatori
- Lime: Bilancia e mantiene il livello di pH del corpo
- Peperone: Supporta la perdita di peso
- Spinaci: Mantiene la funzione muscolare e nervosa

Ingredienti:

- Radice di barbabietola - 170g
- Carote - 210g
- Sedano - 2 gambi, 125g
- Radice di zenzero - 1 pollice 20g
- Lime - 1/2 frutto 30g
- Peperone (jalapeno) - 1 Peperone 10g
- Spinaci - 2 tazze 60g

Come preparare:

- **Lava tutti gli ingredienti. Pelali se necessario.**
- **Spremili tutti assieme per ottenere un'ottima bibita.**

Calorie Totali: 107

Vitamine: Vitamina A 1457µg, Vitamina C 48.4mg, Vitamina B-6 0.507mg, Vitamina E 2.49mg, Vitamina K 241.1µg, Calcio 155mg, Ferro 3.01mg

Minerali: Rame 0.301mg, Magnesio 96mg, Fosforo 151mg, Selenio 2µg, Zinco 1.21mg

32. Combattente del Peso

"Combattente del peso" farà la differenza di sicuro nella tua lotta per sbarazzarti del grasso, se è consumato solo un paio di volte a settimana. Questi frutti e verdure hanno molto da offrire a causa del verde e delle radici che ha. Il verde della barbabietola sono le foglie, hanno una alta concentrazione di Vitamine quando vengono lavate e mescolate nel tuo succo.

- Mela: A causa della pectina, aiuta a perdere peso

- Barbabietole Verdi: aumentare la tua resistenza e combattono l'infiammazione

- Radice di barbabietola: ha effetti anti-cancro

- Carote: migliorano la vista e hanno un effetto anti-aging

- Sedano: stimola la digestione grazie all'elevato contenuto di acqua in combinazione con fibre insolubili

- Radice di zenzero: Ha un effetto antidolorifico

Ingredienti:

- Mela - 1 grandi dimensioni 220g

- Barbabietola verde (optionale) - 3 foglie 95g

- Radice di barbabietola - 1 barbabietola 175g

- Carote - 4 media dimensione 240g

- Sedano - 1 gambo, grandi dimensioni 60g

- Radice di zenzero - 1/2 pollice 10g

Come preparare:

- **Lava tutti gli ingredienti. Pelali se necessario.**

- **Spremili tutti assieme per ottenere un'ottima bibita.**

Calorie Totali: 157

Vitamine: Vitamina A 1645µg, Vitamina C 45.1mg, Vitamina B-6 0.4mg, Vitamina E 2.59mg, Vitamina K 307.1µg, Calcio 181mg, Ferro 3.51mg

Minerali: Rame 0.371mg, Magnesio 109mg, Fosforo 162mg, Selenio 1.8µg, Zinco 1.21mg

33. Colazione del mattino

Non c'è niente di più rinfrescante di una bevanda energetica al mattino. Bevendola su una base quotidiana, si aumenta la capacità di resistenza e la perdita di peso sarà molto più veloce se si beve una volta al mese. Questo perché ha un elevato contenuto di fibra e nutrienti. "Colazione del mattino" è anche molto bassa come contenuto di calorie, e contiene radice di curcuma, che è un ottimo anti-infiammatorio, uno dei grandi guaritori naturali.

- Mela: Contiene un lassativo naturale

- Carota: fa miracoli per rafforzare il sistema immunitario

- Sedano: Calma il nervoso grazie causa di un elevato contenuto di Calcio

- Radice di zenzero: Abbassa il colesterolo LDL

- Limone: Grande per problemi di salute perché contiene potassio

- Pere: con antiossidanti che aiutano a prevenire la pressione alta

- Radice di Curcuma: ha effetti anti-infiammatori potenti

Ingredienti:

- Mele - 2 media dimensione 360g
- Carote - 3 media dimensione 180g
- Sedano - 3 gambi, grandi dimensioni 190g
- Radice di zenzero - 1 pollice 22g
- Limoni (senza buccia) - 2 frutti 165g
- Pere - 2 media dimensione 355g
- Radice di curcuma - 6 pollici 140g

Come preparare:

- **Lava tutti gli ingredienti. Pelali se necessario.**
- **Spremili tutti assieme per ottenere un'ottima bibita.**

Calorie Totali: 364

Vitamine: Vitamina A 1107µg, Vitamina C 283.1mg, Vitamina B-6 1.025mg, Vitamina E 2mg, Vitamina K 73.6µg, Calcio 191mg, Ferro 3.41mg

Minerali: Rame 0.743mg, Magnesio 115mg, Fosforo 212mg, Selenio 1.5µg, Zinco 1.35mg

34. Inizio salutare

Le Patate dolci sono ricche di potassio e di Calcio che sono importanti per tutti, non importa quale sia il tuo stile di vita. "Inizio salutare" è ricco di Vitamine e Minerali. Prova questa bevanda circa 30-60 minuti prima di mangiare, per consentire al corpo di assorbire tutti i nutrienti dai frutti e dalle verdure.

• Mele: ridurre il rischio di cancro

• Radice Di barbabietola: pulisce il colon e rafforza il fegato

• Carota: il Beta-carotene riduce il rischio di degenerazione muscolare

• Arancia: Stimola i globuli bianchi per combattere le infezioni

• Peperone: ha effetti antiossidanti e antibatterici

• Patata dolce: Aiuta il sistema immunitario a rafforzarsi

Ingredienti:

- Mele (gialle dolci) - 2 media dimensione 360g
- Radice di barbabietola - 2 barbabietole 160g
- Carota - 1 grandi dimensioni 70g

- Arancia (optionale) - 1 frutto 135g

- Peperone (dolce rosso) - 1 media dimensione 115g

- Patate dolci – 130g

Come preparare:

- **Lava tutti gli ingredienti. Pelali se necessario.**

- **Spremili tutti assieme per ottenere un'ottima bibita.**

Calorie Totali: 250

Vitamine: Vitamina A 1211µg, Vitamina C 177.5mg, Vitamina B-6 0.735mg, Vitamina E 2.51mg, Vitamina K 18.1µg, Calcio 118mg, Ferro 2.31mg

Minerali: Rame 0.35mg, Magnesio 85mg, Fosforo 167mg, Selenio 1.8µg, Zinco 1.15mg

35. Mix naturale

I Succhi di frutta sono sempre stati un delizioso drink, ma sono più di questo, sono una fonte di salute e, se fatti correttamente con gli Ingredienti giusti, possono fornire tutte le Vitamine di cui il corpo ha bisogno. Questo è un grande succo che ha effetti di perdita di peso e aiuta il sistema immunitario. Si consiglia di bere la mattina o la sera dopo cena. Vediamo quali effetti grande avrà sul proprio corpo.

• Mela: Contiene boro, per le ossa

• Sedano: ha nutrienti che proteggono gli occhi e prevengono la degenerazione della vista legata all'età

• Cetriolo: Grande fonte di silicio per migliorare la salute della pelle

• tarassaco: aiuta a ridurre lo stress e a ridurre il cancro

• Cavolo: Fornisce una grande quantità nutrizionale con poche calorie

• Limone: Aiuta la perdita di peso

Ingredienti:

- Mele - 2 media dimensione 360g

- Sedano - 2 gambi, media dimensione 80g

- Cetriolo - 1/2 cetriolo 150g

- Tarassaco - 1 tazza, a pezzi 55g

- Cavolo - 3 foglie 105g

- Limone - 1/2 frutto 42g

Come preparare:

- **Lava tutti gli ingredienti. Pelali se necessario.**
- **Spremili tutti assieme per ottenere un'ottima bibita.**

Calorie Totali: 165

Vitamine: Vitamina A 581µg, Vitamina C 133.2mg, Vitamina B-6 0.504mg, Vitamina E 2mg, Vitamina K 854µg, Calcio 238mg, Ferro 3.13mg

Minerali: Rame 1.29mg, Magnesio 81mg, Fosforo 163mg, Selenio 1.4µg, Zinco 0.95mg

36. Succo a sorpresa

La perdita di peso è sempre stata associata a ricette succose, perché hanno poche calorie, e le sostanze nutrienti vengono assorbite più velocemente dal tuo corpo. Va consumato entro 30-60 minuti prima di un pasto, e gli effetti dovrebbero farsi sentire solo dopo una settimana o giù di lì. Qui ci sono alcuni grandi benefici di questo succo di frutta che di sicuro migliorerà la tua condizione di salute.

- Mela: protegge le cellule cerebrali dai danni dei radicali liberi
- Carota: il consumo di beta-carotene è stato collegato alla riduzione il rischio di diversi tumori
- Cilantro: Riduce la quantità di grassi danneggiati nelle membrane cellulari
- Collard Verde: Ricco di fonte di nutrienti con proprietà anti-cancro
- Cavolo: contiene sulforafano che aiuta a sostenere un sistema immunitario sano
- Peperone: ha capacità antiossidanti in modo che possa neutralizzare i radicali liberi nel corpo

Ingredienti:

- Mela - 1 media dimensione 180g

- Carote - 3 media dimensione 180g
- Cilantro - 1 manciate 35g
- Collard verde - 1 tazza, tagliato 35g
- Cavolo - 4 foglie (8-12") 140g
- Peperone (dolce rosso) - 1 media dimensione 115g

Come preparare:

- **Lava tutti gli ingredienti. Pelali se necessario.**
- **Spremili tutti assieme per ottenere un'ottima bibita.**

Calorie Totali: 158

Vitamine: Vitamina A 1832µg, Vitamina C 252.1mg, Vitamina B-6 0.812mg, Vitamina E 3.52mg, Vitamina K 898.1µg, Calcio 275mg, Ferro 2.86mg

Minerali: Rame 1.61mg, Magnesio 90mg, Fosforo 187mg, Selenio 1.6µg, Zinco 1.28mg

37. Broccoli in Combo

"Broccoli in Combo" è semplice da preparare, si dovrebbe bere al mattino in modo da poter caricare te stesso con tanta energia per il resto della giornata. Se si può bere ogni due giorni, sarà ancora più vantaggioso. Ha un'alta percentuale di Vitamina C che renderà il tuo sistema immunitario più forte e ti darà la forza di combattere eventuali problemi di salute.

• Broccoli: sono alti in Ferro, che è un nutriente importante per garantire alti livelli di energia

• Cavolo: aiuta a disintossicare il corpo e mantiene la pressione nel sangue bassa

• Cavolfiore: aiuta nel corretto funzionamento di insulina e regola lo zucchero nel sangue

Ingredienti:

- Broccoli - 1 gambo 150g
- Cavolo - 1/2 testa, media dimensione 450g
- Cavolfiore - 4 foglie (8-12") 140g

Come preparare:

- **Lava tutti gli ingredienti. Pelali se necessario.**
- **Spremili tutti assieme per ottenere un'ottima bibita.**

Calorie Totali: 117

Vitamine: Vitamina A 536µg, Vitamina C 328.1mg, Vitamina B-6 0.841mg, Vitamina E 1mg, Vitamina K 1038.6µg, Calcio 321mg, Ferro 3.68mg

Minerali: Rame 1.571mg, Magnesio 102mg, Fosforo 241mg, Selenio 4.3µg, Zinco 1.41mg

38. Zenzero tropicale

Se pensi di seguire una dieta sana e perdere un po' di peso, questa ricetta dovrebbe essere sul menu. "Zenzero Tropicale" è pieno di Vitamine e sostanze nutritive che non solo aiutano il tuo corpo, ma anche aumentano i livelli di energia per tutta la giornata. Per questa ricetta sono necessari tutti gli ingredienti elencati e si dovrebbe bere il succo in serata.

- Radice di zenzero: Impedisce la crescita del tumore canceroso, e può aiutare a bloccare la febbre

- Cavolo: è una ricca fonte di composti sulfurei che lottano contro molti tumori

- Mango: contiene enzimi che aiutano a rompere le proteine

- Arancia: Contiene esperidina che abbassa la pressione alta

- Ananas: diminuisce il rischio di progressione della degenerazione muscolare legata all'età

Ingredienti:

- Radice di zenzero - 1/2 pollice 10g

- Cavolo - 4 foglie (8-12") 140g

- Mango - 1 frutto 335g
- Arancia - 1 piccola 95g
- Ananas - 1 tazza, a pezzi 165g

Come preparare:

- **Lava tutti gli ingredienti. Pelali se necessario.**
- **Spremili tutti assieme per ottenere un'ottima bibita.**

Calorie Totali: 231

Vitamine: Vitamina A 625µg, Vitamina C 294.2mg, Vitamina B-6 0.725mg, Vitamina E 2.24mg, Vitamina K 701.2µg, Calcio 215mg, Ferro 2.25mg

Minerali: Rame 1.904mg, Magnesio 93mg, Fosforo 143mg, Selenio 2.5µg, Zinco 0.95mg

39. Re Limone

Le Ricette succose sono un modo sano e moderno di restare in forma per rendere sicuro il tuo corpo ottenendo tutti i nutrienti importanti, Minerali e Vitamine di cui ha bisogno. E' meglio bere questo succo al mattino, oppure si può anche sostituire uno spuntino quotidiano. Se si beve il succo su base giornaliera ti sentirai tutti gli effetti nel corpo e nella mente.

- Mela: riduce il colesterolo e riduce il rischio di diabete

- Sedano: regola l'equilibrio alcalino del corpo

- Cavolo: aiuta a sostenere un sistema immunitario sano e ha proprietà anti-cancro

- Limone: previene i problemi legati alla pelle

- Spinaci: Grandi per abbassare la pressione sanguigna, e pulisce il sistema, eliminando i rifiuti accumulati

Ingredienti:

- Mele (granny smith) - 4 media dimensione 725g

- Sedano - 3 gambi, grandi dimensioni 190g

- Cavolo - 2 foglie (8-12") 70g

- Limone (senza buccia) - 1 frutto 58g

- Spinaci- 4 tazze 120g

Come preparare:

- **Lava tutti gli ingredienti. Pelali se necessario.**
- **Spremili tutti assieme per ottenere un'ottima bibita.**

Calorie Totali: 254

Vitamine: Vitamina A 679µg, Vitamina C 131.4mg, Vitamina B-6 0.627mg, Vitamina E 3.03mg, Vitamina K 801.2µg, Calcio 251mg, Ferro 4.11mg

Minerali: Rame 1.041mg, Magnesio 131mg, Fosforo 180mg, Selenio 2µg, Zinco 1.10mg

40. Mix enorme

Uno dei metodi migliori per perdere peso e rilasciare grasso è iniziare la giornata con questo delizioso succo. I Peperoni contribuiscono ad aumentare il metabolismo del nostro corpo, abbassando i trigliceridi che vengono immagazzinati nel nostro corpo, e questo aiuta a bruciare calorie in modo più efficace. Qui ci sono altri benefici di questo succo:

• Cayenne Peperone: blocca la trasmissione del dolore, in modo che possa contribuire ad alleviare il dolore in una certa misura

• Sedano: Riduce la pressione alta

• Cilantro: è molto basso in calorie e non contiene colesterolo

• Aglio: Riduce i trigliceridi nel sangue e riduce la formazione di placca arteriosa

• Cipolla: Per secoli, le cipolle sono state utilizzati per ridurre l'infiammazione e curare le infezioni

• Pomodoro: ha proprietà antiossidanti e migliora la funzione digestiva

Ingredienti:

- Cayenne Peperone (pizzico) 0.20g

- Sedano - 1 gambo, grandi dimensioni 63g

- Cilantro - 1 manciata 35g

- Garlic - 1 clove 3g

- Cipolla (cipollotto/scalogno) - 1 media dimensione 14g

- Peperone (dolce verde) - 1 media dimensione 115g

- Sale (himalaya) - 1 piccola quantità 0.2g

- Pomodoro - 1 tazza Pomodori ciliegia 145g

Come preparare:

- **Lava tutti gli ingredienti. Pelali se necessario.**
- **Spremili tutti assieme per ottenere un'ottima bibita.**

Calorie Totali: 35

Vitamine: Vitamina A 156µg, Vitamina C 91.5mg, Vitamina B-6 0.370mg, Vitamina E 1.65mg, Vitamina K 122.2µg, Calcio 63mg, Ferro 1.25mg

Minerali: Rame 0.200mg, Magnesio 33mg, Fosforo 70mg, Selenio 0.7µg, Zinco 0.52mg

41. Succo della nonna

Se sei un amante dei succhi, ecco qui è una grande ricetta per te. Essa contribuirà a migliorare il metabolismo del corpo e aumentare la perdita di peso. E 'meglio se servito al mattino o entro 30 a 60 minuti prima di mangiare o si può sostituire facilmente uno spuntino. Questo succo ha un alto contenuto di potassio e fosforo, che aiuta rilasciare i sintomi dello stress. Quindi, se si sta avendo una brutta giornata, è sempre possibile rilassarsi e godere di questa bevanda, ti aiuterà. Qui ci sono alcuni altri grandi effetti di questa ricetta:

• Mela: Grande fonte di fibre, senza troppe calorie

• Carota: molto ricco di Vitamina A, buona per migliorare la vista

• Cetriolo: allevia l'alito cattivo e reidrata il corpo

• Uva: Riduce la capacità di immagazzinare il grasso delle cellule di circa il 130 per cento, può significativamente aiutare nella perdita di peso

• Peperone: Stimola i globuli bianchi a combattere le infezioni, costruisce naturalmente un buon sistema immunitario

- Spinaci: con l'elevata alcalinità sono la scelta ideale per le persone che soffrono di malattie infiammatorie, come l'artrosi

- Pomodoro: migliora la salute del cuore, tenendo la pressione sanguigna più bassa

Ingredienti:

- Mele (verdi) - 2 media dimensione 355g
- Carote - 3 media dimensione 180g
- Cetriolo - 1 cetriolo 300g
- Uva (verde) - 15 uva 90g
- Peperone (dolce verde) - 1 media dimensione 115g
- Spinaci- 2 tazze 60g
- Pomodoro - 1 media dimensione intero 115g

Come preparare:

- **Lava tutti gli ingredienti. Pelali se necessario.**
- **Spremili tutti assieme per ottenere un'ottima bibita.**

Calorie Totali: 221

Vitamine: Vitamina A 1325µg, Vitamina C 114.2mg, Vitamina B-6 0.701mg, Vitamina E 2.79mg, Vitamina K 270.1µg, Calcio 171mg, Ferro 2.9mg

Minerali: Rame 0.429mg, Magnesio 112mg, Fosforo 185mg, Selenio 1.1mg, Zinco 1.31mg

42. Fontana di minerali

Non importa che tipo di stile di vita tu abbia, dovresti prenderti il tempo per un succo sano che può essere un'ottima fonte di minerali e Vitamine. Se si vuole perdere peso, migliorare la salute, o semplicemente sentirsi meglio, un succo di frutta naturale può fare per te. E 'un vero amico quando si tratta di migliorare il modo in cui il corpo appare, funziona e si sente, e il risultato sarà sicuramente positivo. Ecco i vantaggi di questa ricetta.

• Mela: Una Mela al giorno riduce il rischio di cancro al seno del 16 per cento

• Radice di barbabietola: guarisce le tossicità del fegato come intossicazione alimentare, l'epatite

• Radice di zenzero: riduce l'infiammazione e inibisce la replicazione del virus herpes simplex

• Limone: Aggiungere il succo di Limone contribuirà ad aumentare la perdita di peso

• Ananas: aiuta a combattere la formazione di radicali liberi che causano il cancro

Ingredienti:

- Mela - 1 media dimensione 180g

- Radice di barbabietola (gialla) - 1 barbabietola 80g
- Radice di zenzero - 1 pollice 24g
- Limone - 1/2 frutto 29g
- Ananas - 2 fette 332g
- Un pizzico di torta di zucca (poca) - 1/4 cucchiaio 0.42g

Come preparare:

- **Lava tutti gli ingredienti. Pelali se necessario.**
- **Spremili tutti assieme per ottenere un'ottima bibita.**

Calorie Totali: 179

Vitamine: Vitamina A 11µg, Vitamina C 121.4mg, Vitamina B-6 0.385mg, Vitamina E 0.35mg, Vitamina K 4.5µg, Calcio 55mg, Ferro 1.53mg

Minerali: Rame 0.36mg, Magnesio 56mg, Fosforo 64mg, Selenio 0.8µg, Zinco 0.60mg

Amico della Salute

Questo è un succo facile da preparare che ti darà incredibili risultati di perdita di peso e che permette di ottenere tutti i nutrienti necessari di cui il corpo ha bisogno. E 'un ottimo modo per risparmiare tempo e ti permetterà di ottimizzare la tua giornata. Può facilmente sostituire uno spuntino sano. Questi sono gli effetti di questo succo di frutta:

- Asparago: Contiene potassio, che è noto per ridurre il grasso, ed è anche a basso contenuto di sodio naturale e non ha colesterolo, ottimo quando si cerca di perdere peso

- Sedano: ha un alto contenuto di antiossidanti, e ha un effetto antibatterico contro la Salmonella

- Cilantro: è un depuratore d'acqua naturale, e un nutriente vitale che è necessario per la formazione e il mantenimento di ossa forti

Ingredienti:

- Asparago - 6 steli, media dimensione 95g
- Sedano - 3 gambi, grandi dimensioni 185g
- Cilantro - 1 manciata 32g

Come preparare:

- **Lava tutti gli ingredienti. Pelali se necessario.**

- **Spremili tutti assieme per ottenere un'ottima bibita.**

Calorie Totali: 20

Vitamine: Vitamina A 131µg, Vitamina C 14.2mg, Vitamina B-6 0.185mg, Vitamina E 1.63mg, Vitamina K 139.1µg, Calcio 84mg, Ferro 2.09mg

Minerali: Rame 0.218mg, Magnesio 28mg, Fosforo 75mg, Selenio 2.1µg, Zinco 0.63mg

Dolce Succo

Ti divertirai a bere questo succo, facile da preparare e tutti gli Ingredienti sono deliziosi. Quindi cerchiamo di iniziare, servendo il succo almeno da 30 a 60 minuti prima di mangiare il tuo prossimo pasto. "Dolce Succo" è un ottimo modo per accelerare la perdita di peso e migliorare la tua salute, allo stesso tempo. Se sei pronto, passiamo in rassegna alcuni dei benefici che verranno da questa ricetta.

• Radice di barbabietola: alta in carboidrati che significa che è una grande fonte di energia immediata, e utile per aiutare a metabolizzare il grasso

• Carota: Ha un azione di pulizia sul fegato e abbassa i livelli di colesterolo

• Patata Dolce: contiene nutrienti anti-infiammatori

Ingredienti:

- Radice di barbabietola - 1 barbabietola 80g
- Carote - 3 media dimensione 181g
- Patata dolce - 1/2 63g

Come preparare:

- **Lava tutti gli ingredienti. Pelali se necessario.**//
- **Spremili tutti assieme per ottenere un'ottima bibita.**

Calorie Totali: 85

Vitamine: Vitamina A 1386µg, Vitamina C 11.2mg, Vitamina B-6 0.30mg, Vitamina E 0.92mg, Vitamina K 17.4µg, Calcio 63mg, Ferro 1.10mg

Minerali: Rame 0.165mg, Magnesio 39mg, Fosforo 87mg, Selenio 0.7µg, Zinco 0.61mg

Vita pura

Porta questa sana ricetta nella tua vita, gli effetti cambieranno i tuoi problemi di peso in modo positivo e renderanno il tuo corpo più forte. Si può bere in qualsiasi momento della giornata; basta assicurarsi di farlo da 30 a 60 minuti prima di mangiare. Ok, quindi cerchiamo di vedere ora che cosa questo succo ha da offrire per te.

• Melone amaro: Contiene una sostanza chimica che agisce come l'insulina per contribuire a ridurre i livelli di zucchero nel sangue

• Pompelmo: funziona come un eccellente soppressore dell'appetito e anche utile nel trattamento della fatica

• Limone: Aiuta a curare i problemi respiratori, e aiuta a aumentare la perdita di peso

Ingredienti:

- Melone amaro - 1 da 120g
- Pompelmo - 1/2 grandi dimensioni 165g
- Limone (con la buccia) - 1 frutto 80g

Come preparare:

- **Lava tutti gli ingredienti. Pelali se necessario.**

- **Spremili tutti assieme per ottenere un'ottima bibita.**

Calorie Totali: 45

Vitamine: Vitamina A 73µg, Vitamina C 142mg, Vitamina B-6 0.131mg, Vitamina E 0.23mg, Folato 80µg, Calcio 45mg, Ferro 0.81mg

Minerali: Rame 0.102mg, Magnesio 27mg, Fosforo 43mg, Selenio 0.7µg, Zinco 0.80mg

46. Tempo di Vitamina

Noi tutti vogliamo essere in buona salute, ma il più delle volte ci dimentichiamo che dobbiamo agire responsabilmente per farlo. Le ricette di succhi sono un ottimo modo per risolvere questo problema. Un paio di minuti al giorno e si ottiene un grande flusso di Vitamine e Minerali. "Tempo di Vitamina" si adatta alla descrizione e vediamo cosa ha da offrire.

• Mela: contiene pectina che abbassa il colesterolo

• Carota: Elimina i liquidi in eccesso dal corpo e riduce il rischio di ictus

• Radice di zenzero: Aiuta a digerire cibi grassi e rompe le proteine, aiuta a ridurre il peso

• Limone: Inibisce lo sviluppo del cancro, e aumenta la perdita di peso

Ingredienti:

- Mela - 1 media dimensione 180g
- Carote - 8 media dimensione 485g
- Radice di zenzero - 1 pollice 22g
- Limone - 1 frutto 82g

Come preparare:

- **Lava tutti gli ingredienti. Pelali se necessario.**
- **Spremili tutti assieme per ottenere un'ottima bibita.**

Calorie Totali: 165

Vitamine: Vitamina A 2851µg, Vitamina C 56mg, Vitamina B-6 0.589mg, Vitamina E 2.50mg, Vitamina K 46.8µg, Calcio 132mg, Ferro 1.61mg

Minerali: Rame 0.242mg, Magnesio 58mg, Fosforo 145mg, Selenio 0.6µg, Zinco 0.94mg

47. Gustoso ABC

Questa ricetta è migliore se servita al mattino, perché è un ottimo modo per dare al tuo corpo una sferzata di energia, e manterrà la mente concentrata e attiva per il resto della giornata. Se stavi cercando qualcosa che ti aiuti con i benefici di cui sopra, o semplicemente alla ricerca di quella ricetta che aiuta a ridurre il grasso, dovresti provare questo. Ecco alcuni altri benefici che ha da offrire.

• Mela: rinforza il sistema immunitario e aiuta a disintossicare il fegato

• Radice di barbabietola: abbassa la pressione sanguigna, molto ricca di fibre ed è una grande fonte di betaina, una sostanza nutritiva che aiuta protegge le cellule

• Carote: prevengono le malattie cardiache e purificano il corpo

Ingredienti:

- Mela - 1 media dimensione 180g
- Barbabietola - 1 barbabietola 80g
- Carote - 2 grandi dimensioni 141g

Come preparare:

- **Lava tutti gli ingredienti. Pelali se necessario.**

- **Spremili tutti assieme per ottenere un'ottima bibita.**

Calorie Totali: 95

Vitamine: Vitamina A 837µg. Vitamina C 13.5mg, Vitamina B-6 0.21mg, Vitamina E 0.88mg, Vitamina K 16.1µg, Calcio 49mg, Ferro 0.90mg

Minerali: Rame 0.121mg, Magnesio 31mg, Fosforo 71mg, Selenio 0.4µg, Zinco 0.47mg

48. Delizioso in tre

"Delizioso in tre" è una ricetta semplice che può essere servita a tutta la famiglia, basta assicurarsi di farlo da 30 a 60 minuti prima di mangiare. Sentiti libero di provare e vederne i risultati; porterà solo cose positive nella tua vita, per la salute e il modo in cui vedi il tuo corpo. Vediamo come si prepara e cosa apporta.

• Mela: aumenta la densità ossea, rinforza il sistema immunitario e riduce il colesterolo

• Radice di barbabietola: Rigenera e riattiva i globuli rossi e le forniture di ossigeno al corpo

• Patate dolci: Svolgono un ruolo importante nei nostri livelli di energia, stati d'animo, cuore, nervi, pelle e denti.

Ingredienti:

- Mele - 2 media dimensione 360g
- Barbabietola - 1 barbabietola 80g
- Patata Dolce - 135g

Come preparare:

- **Lava tutti gli ingredienti. Pelali se necessario.**

- **Spremili tutti assieme per ottenere un'ottima bibita.**

Calorie Totali: 175

Vitamine: Vitamina A 643µg, Vitamina C 16.5mg, Vitamina B-6 0.331mg, Vitamina E 0.71mg, Vitamina K 7.3µg, Calcio 51mg, Ferro 1.31mg

Minerali: Rame 0.247mg, Magnesio 48mg, Fosforo 92mg, Selenio 0.8µg, Zinco 0.56mg

49. Gusto serale

Niente più scuse quando si tratta di perdere peso. "Gusto serale" è una grande ricetta perfetta per il lavoro. Si consiglia di bere la mattina per ottenere benefici per il resto della giornata. Non ci vorranno più di 5 minuti per prepararla, e per quei 5 minuti si otterranno risultati impressionanti! Scopri cosa ti aspetta.

- Radice di barbabietola:
- Carota:
- Sedano:
- Cetriolo:
- Pera:
- Radice di zenzero:

Ingredienti:

- Radice di barbabietola (gialla) - 1 barbabietola 80g
- Carote - 3 grandi dimensioni 215g
- Sedano - 4 gambi, grandi dimensioni 255g
- Cetriolo - 1/2 cetriolo 150g
- Radice di zenzero - 1/2 pollice 11g

- Pera (bosc) - 1 media dimensione 174g

Come preparare:

- **Lava tutti gli ingredienti. Pelali se necessario.**
- **Spremili tutti assieme per ottenere un'ottima bibita.**

Calorie Totali: 147

Vitamine: Vitamina A 1304µg, Vitamina C 25mg, Vitamina B-6 0.462mg, Vitamina E 1.66mg, Vitamina K 1.82mg, Calcio 158mg, Ferro 1.73mg

Minerali: Rame 0.334mg, Magnesio 75mg, Fosforo 161mg, Selenio 1.7µg, Zinco 1.15mg

50. Tempo di verdure

Ecco una grande ricetta che si deve provare. Se sei a dieta o vuoi avere un corpo più sano, ti aiuterà. E' facile da preparare e si dovrebbe bere la mattina come uno spuntino in più. Gli Ingredienti apportano elevate sostanze nutrienti importanti e sono molto bassi di calorie, ti aiuteranno ad accelerare il tuo progresso. Vediamo quali vantaggi ti aspettano con questa ricetta.

• Radice Di barbabietole: Combattono l'infiammazione e riducono la pressione sanguigna

• Carote: Grande fonte di beta-carotene, che riduce il rischio di cancro

• Sedano: riduce il colesterolo e regola il tuo equilibrio alcalino

• Prezzemolo: Eccellente purificatore del sangue

• Peperone: ha effetti antibatterici e antiossidanti

• Ravanelli: Ottimo modo per soddisfare la fame e mantenere un apporto calorico basso

• Pomodori: La fibra, potassio, Vitamina C e la Colina contenuti nei Pomodori sostengono la salute del cuore

Ingredienti:

- Radice di barbabietola - 1 barbabietola 81g
- Carote - 2 media dimensione 121g
- Sedano - 2 gambi, grandi dimensioni 125g
- Prezzemolo - 4 manciate 160g
- Peperone (jalapeno) (senza semi e buccia) - 1 Peperone 13g
- Ravanelli - 12 media dimensione 50g
- Pomodori - 4 Pomodori maturi 246g

Come preparare:
- **Lava tutti gli ingredienti. Pelali se necessario.**
- **Spremili tutti assieme per ottenere un'ottima bibita.**

Calorie Totali: 100

Vitamine: Vitamina A 1273µg, Vitamina C 200.4mg, Vitamina B-6 0.51mg, Vitamina E 2.92mg, Vitamina K 1890.3µg, Calcio 254mg, Ferro 8.45mg

Minerali: Rame 0.403mg, Magnesio 113mg, Fosforo 190mg, Selenio 1.1µg, Zinco 2.11mg

ALTRI GRANDI TITOLI DELL'AUTORE

40 Ricette per la Perdita di Peso per Uno Stile di Vita Frenetico: La soluzione per trattare il grasso

di

Joseph Correa

Nutrizionista Sportivo Certificato

50 Ricette Succose Per Abbassare La Pressione Sanguigna: Un Modo Semplice Per Ridurre La Pressione Alta

di

Joseph Correa

Nutrizionista Sportivo Certificato

www.ingramcontent.com/pod-product-compliance
Lightning Source LLC
Chambersburg PA
CBHW070125080526
44586CB00015B/1557